Tibétains

Le suivi éditorial de cet ouvrage a été assuré par Valérie Antoni.

Tél. : 01.40.26.06.06. Fax : 01.40.26.00.26. ISBN : 2-86260-822-X. ISSN : 0336-5816.
Dépôt légal : 3e trimestre 1998. Imprimé en France.

Tibétains

1959-1999 : 40 ans de colonisation

Dirigé par Katia Buffetrille et Charles Ramble

Éditions Autrement - collection Monde HS n° 108

Sommaire

Prologue

Charles Ramble

En mai 1951, les Tibétains ont signé un accord avec les communistes chinois selon lequel ils s'engageaient, entre autres, à « revenir au sein de la grande famille de la Mère Patrie - la République populaire de Chine », et à permettre la présence au Tibet de l'Armée de libération du peuple. Les signataires tibétains, acculés à signer ce document, et réticents à céder leur souveraineté, trouvèrent cependant quelque consolation dans les articles qui garantissaient que « le peuple tibétain avait le droit d'exercer une autonomie régionale nationale », que « les autorités centrales ne changeraient pas le système politique au Tibet » et que « les croyances religieuses, les coutumes et les habitudes du peuple tibétain seraient respectées ».

Dès le début de l'année 1959, la mainmise chinoise pesait sur le peuple tibétain de façon intolérable. Des rumeurs circulèrent à Lhasa selon lesquelles les Chinois nourrissaient le projet de se saisir du jeune Dalaï lama. Quelque trente mille personnes entourèrent le Norboulingka, le palais d'été où il résidait, afin de le protéger contre toute menace d'enlèvement. Le 17 mars, l'armée chinoise fit éclater deux obus dans les jardins du palais, et le Dalaï lama, qui avait espéré jusque-là une solution pacifique pour sortir de l'impasse, s'en remit au conseil de ses proches qui lui enjoignaient de fuir le Tibet et de se réfugier en Inde. Deux jours plus tard, le bombardement du Norboulingka reprit. Les Tibétains se soulevèrent contre les positions chinoises partout dans la ville, mais ces attaques furent étouffées par une plus grande puissance de feu. Les conséquences de la révolte du printemps - qui est encore commémorée chaque année par les Tibétains en exil partout dans le monde - furent importantes. Les pertes dans l'affaire - outre les trois mille Tibétains (et peut-être beaucoup plus) tués et des milliers d'autres qui furent, ou bien exécutés, ou bien emmenés vers des destinations inconnues pour ne jamais revenir - concernaient les articles mêmes de l'accord de 1951 qui avaient encouragé les délégués tibétains à le signer : le gouvernement tibétain était dissous, la liberté religieuse était abolie, et « l'autonomie régionale » n'était définitivement plus qu'une structure formelle.

Le Tibet est un pays mystérieux. Il est resté mystérieux pour des générations d'Occidentaux qui se sont demandés ce que pouvait cacher cette place forte inaccessible, et ceci est encore vrai dans le climat de désenchantement d'aujourd'hui, comme au temps des premiers voyageurs.

Le mystère a pris des formes variées. Le XIXe siècle et le début du XXe furent l'âge d'or de l'exploration. L'esprit de conquête qui accompagnait l'ascension des pouvoirs impériaux européens engendra un empressement général à visiter des endroits inaccessibles ou même inconnus ; à découvrir les sources du Nil, à être le premier à atteindre le pôle Sud ou le sommet de l'Everest. Et même si le découvreur ne pouvait pas revendiquer ces lieux comme de nouveaux territoires pour son propre pays, il pouvait au moins les considérer comme une acquisition morale faite au profit de sa nation. Un élément essentiel du processus d'exploration et de découverte fut la réalisation de cartes. Même là où le pays parcouru par ces explorateurs ne devait pas être intégré aux empires qu'ils représentaient, il y avait bien un esprit d'appropriation dans le fait même de vouloir être le premier à remplir les blancs de la carte du monde avec des noms ou des traits topographiques. Le Tibet, dont les obstacles du relief étaient renforcés par les barrières d'une xénophobie politique, offrait plus de blancs que la plupart des pays dans le monde. Cette exploration revêtait le nom de science, mais son inspiration était largement impérialiste. Ses représentants appartenaient aux principaux pouvoirs européens et la plupart d'entre eux mâtinaient leurs entreprises scientifiques d'un peu d'espionnage.

Le mystère religieux est plus persistant. Présent bien avant la conquête géographique, il lui a largement survécu. La fascination religieuse pour le pays a pris des formes inattendues. Les premiers Européens à avoir traversé le Tibet poursuivaient une quête religieuse - portant non pas sur des enseignements bouddhistes, mais sur le royaume chrétien gouverné par le Prêtre Jean. Des histoires sur ce pays ont commencé à circuler à la fin du XIIe siècle, quand le pape, le saint empereur romain, et les gouvernants d'autres États européens se mirent à recevoir des lettres de ce roi mystérieux. Parmi ses déclarations, l'auteur revendiquait de gouverner toute la chrétienté et menaçait de lâcher sur l'Europe de l'Ouest les armées de Gog et de Magog. Au cours des recherches sporadiques qui s'ensuivirent, on crut reconnaître dans le royaume du Prêtre Jean plusieurs pays, de l'Éthiopie à la Mongolie. À la fin du XVIe siècle, on évoqua plus précisément le Tibet après qu'un groupe de jésuites eut entendu parler, en Inde, d'une contrée chrétienne située au-delà de l'Himalaya. On lança des expéditions sans pourtant rien trouver de la Terre promise, et le projet finit par revêtir la forme plus familière d'une conversion des indigènes à la foi chrétienne.

L'introduction des idées bouddhiques et hindoues auprès du public occidental déboucha sur l'apparition de synthèses d'éléments pris aux religions orientales, au christianisme et à la tradition occulte occidentale. Il n'est pas surprenant que le Tibet figure comme le dépositaire de la sagesse éternelle. La religion demeura la préoccupation principale - et c'est encore le cas aujourd'hui - dans le champ naissant des études tibétaines savantes, mais l'attention s'est déplacée du christianisme et du mysticisme sur le bouddhisme. Cet intérêt fut motivé par la tradition indologique, attirée par les traductions en tibétain des travaux bouddhiques dont les originaux sanscrits étaient perdus depuis longtemps.

L'intérêt général pour le Tibet s'est développé au cours de ces dernières décennies principalement du fait de l'héritage religieux de la civilisation. De multiples travaux rendent les principes du bouddhisme tibétain accessibles à des lecteurs occidentaux. L'enseignement religieux prodigué par des adeptes européens tout comme par des maîtres tibétains est à présent disponible dans de nombreux centres partout dans le monde.

Une conséquence de cet intérêt pour le bouddhisme est la tendance à oublier que le Tibet n'est pas seulement une idéologie exilée mais un endroit réel, peuplé de gens aux aspirations diverses.

Tandis que 1959 marqua indéniablement la fin d'une époque, ce ne fut pas pour autant la fin du Tibet. Le Tibet n'a pas cessé de bouger depuis. L'année 1999 marque le quarantième anniversaire de la révolte du printemps, et ce recueil d'articles étudie quelques-uns des changements survenus depuis dans le pays.

Les réactions du monde occidental envers le Tibet tendent à s'organiser autour de deux pôles. Une attitude consiste à considérer que, jusqu'à il y a quarante ans, le pays était aux mains d'un gouvernement voué au bien spirituel de son peuple et même de tous les êtres humains sur la planète. L'intervention chinoise de 1959 provoqua un désastre inqualifiable qui déboucha sur une période de l'histoire du Tibet particulièrement sombre, compensée seulement par l'expansion du bouddhisme en Occident à la suite de l'exil des maîtres bouddhistes. À l'opposé, on considère que l'ancien régime était d'un anachronisme accablant, inadapté au XXe siècle : les privilèges dont jouissait une petite minorité, sous couvert d'altruisme, ne pouvaient justifier la souffrance humaine qu'elle infligeait à la majorité dont elle tirait sa subsistance ; l'intervention chinoise n'était rien moins qu'une libération telle que ses propagandistes la voyaient.

On ne gagne rien à soutenir que la vérité se trouve quelque part au milieu : chaque camp peut - et ne s'en prive pas - produire des preuves pour justifier ses positions les plus extrêmes. Une des raisons pour lesquelles on se trouve dans cette impasse est que le bouddhisme tibétain est à présent considéré comme métonymique du Tibet dans son ensemble. Le Tibet est, et a toujours été, connu surtout pour ses institutions religieuses et pour l'image qui en ressort, celle d'un pays dépositaire d'une vérité mystérieuse et sacrée. Les ambassadeurs les plus fameux de la culture sont des moines et des religieuses, et à l'étranger les champions les plus remarquables de la cause tibétaine sont des porte-parole de la foi. Cette situation a une origine historiquement bien établie : voilà sept cents ans que le pays entretient des relations avec ses puissants voisins sur la base d'un enseignement ésotérique donné en échange d'un patronage matériel et d'une aide militaire.

Afin d'obtenir une image juste du Tibet, il ne suffit pas de chercher un compromis entre ces deux points de vue incompatibles. L'approche choisie dans ce recueil consiste au contraire à diversifier cette image en se concentrant sur des aspects de la civilisation que ne laisse pas transparaître la rhétorique appauvrie des conflits politico-religieux. Les six articles qui composent ce recueil ne prétendent pas traiter de la société tibétaine dans son ensemble. Il s'agit plutôt ici de mettre en valeur certains aspects de cette société qui ont été jusqu'à maintenant négligés, voire absents de l'image conventionnelle construite en Occident.

Le bouddhisme demeure, bien sûr, un sujet fascinant du point de vue à la fois de la pratique et de la recherche savante, mais aucun des articles ne l'aborde directement. Cette omission n'est pas seulement une réaction à sa prééminence dans les écrits occidentaux sur le Tibet. Ce recueil veut plutôt s'interroger sur ce qu'être tibétain veut dire. Et l'histoire du bouddhisme au Tibet au cours de ces quarante dernières années est en vérité décourageante, ne relatant que destruction et déclin. D'autre part ce recueil ne veut pas être un manuel de culture tibétaine : il n'y a rien ou très peu dans les pages qui suivent sur le développement de l'art tibétain, la littérature, la langue, la médecine, la vie de famille ou l'économie - autant de champs d'enquête particulièrement riches et qui ont pratiquement atteint un statut de sous-disciplines dans l'étude de la culture. Les six contributions rassemblées ici veulent dépeindre des gens et le développement du sens de leur identité en tant que nation.

Cela étant, nous verrons que cette perspective plus large ne fait pas disparaître le bouddhisme de l'horizon. Au contraire, il pénètre l'histoire et l'identité de la nation ; son omniprésence est manifeste même dans les mouvements - tels que le sécularisme et le sentiment national construit autour de la religion Bön - qui se sont développés dans une relation d'opposition avec lui.

Le Tibet peut-il légalement prétendre à être une nation indépendante ? La question a suscité une abondante littérature qui va de la polémique partisane au débat argumenté. Mais la plupart de ces écrits proviennent malgré tout d'avocats de l'indépendance du Tibet. Il faut dire que la République populaire de Chine n'a pas vraiment de raison de s'efforcer d'élaborer des arguments contraires avec un soin comparable. Après tout, ce qui décide les gouvernements internationaux à juger qu'une situation politique est moralement acceptable ou pas ne sont ni les droits de l'homme, ni le droit tout court, mais leur intérêt économique. L'absence d'un État tibétain ne signifie pas pour autant que la nationalité tibétaine n'a pas de sens. En fait l'annexion du pays par les Chinois a servi, plus que tout événement dans les siècles passés, à dissoudre l'identité régionale qui a toujours menacé l'idéal de l'unité tibétaine au niveau national. Le nationalisme est généralement considéré par les historiens politiques comme un phénomène relativement récent, qui serait apparu au XXe siècle. Georges Dreyfus, dans l'article qui ouvre le recueil, montre pourtant que les Tibétains ont consciemment entrepris de construire une identité nationale qui les distingue des pays avoisinants dès le XIVe siècle. Les expressions qui ont le mieux contribué - et qui contribuent encore - à la création de cette identité renvoient à l'Empire tibétain, qui dura environ deux cents ans pour prendre fin vers le milieu du IXe siècle. Cette époque marqua non seulement l'aube d'une civilisation et d'un certain raffinement dans le pays, pour reprendre la vision des historiens bouddhistes, avec l'introduction du bouddhisme et probablement l'apparition de l'écriture ; le Tibet était aussi l'un des trois empires les plus puissants du monde à l'époque (à côté du Califat et de la Chine), et c'est la seule fois dans leur histoire que toutes les populations du Tibet furent unies au sein d'un même pays. Cela mérite d'être comparé à la situation actuelle, où la Région autonome du Tibet ne regroupe que la moitié environ de la population tibétaine, l'autre moitié vivant dans les provinces de la

République populaire de Chine (surtout le Sichuan, Yunnan, Gansu et Qinghai), et dans les régions himalayennes des pays frontaliers - essentiellement le Népal, l'Inde, le Bhoutan et le Pakistan.

Une idée reçue et ressassée par les historiens tibétains est que leur pays était plongé dans les ténèbres de l'ignorance et livré à de sauvages guerriers jusqu'à ce que l'influence civilisatrice du bouddhisme se fasse sentir. Le fait que le bouddhisme vienne de l'Inde et soit donc un apport étranger au pays ne menaçait pas alors le patriotisme tibétain. Cette conception a pourtant perdu du terrain parmi les populations de la Région autonome du Tibet. En effet, contrairement à la situation qui prévaut dans la communauté en exil, où l'illusion utopique résiste mieux, peu de gens au Tibet même regardent avec indulgence l'ancien régime théocratique. Cette attitude a pour corollaire que l'ancienne orientation vers l'Inde comme source de culture et de connaissance est abandonnée au profit d'une vision plus introspective de la tradition tibétaine. C'est en partie le fait d'avoir vécu sous occupation chinoise qui a provoqué ce rejet de toute prétention étrangère à revendiquer une part quelconque dans la construction d'une identité tibétaine, qu'il s'agisse de l'idéologie communiste chinoise ou de la religion indienne. Une identité nationale doit avoir une religion nationale, et le vide est rempli par la religion Bön.

Peu d'aspects de la culture tibétaine ont été aussi mal compris à l'Occident que la religion Bön. Per Kvaerne parvient à démêler l'écheveau de la confusion qui règne en isolant les différents domaines de la religion tibétaine qui sont, à tort ou à raison, désignés par ce terme. Globalement, « Bön » désigne trois aspects différents : l'ancienne religion prébouddhique du Tibet ; la foi qui se développa de façon plus systématique après le XIe siècle en même temps que la réintroduction du bouddhisme ; et l'ensemble des cultes locaux et des croyances qui méritent d'être qualifiés plus précisément d'animistes. Comme l'auteur le fait remarquer, la fusion de ces trois choses en une seule a pour conséquence de fragiliser les relations entre le bouddhisme et le Bön au Tibet, relations qui n'ont jamais été particulièrement bonnes. La politique chinoise concernant la culture tibétaine consiste à utiliser le Bön comme un coin à insérer entre l'identité nationale tibétaine et l'Inde, cette dernière étant non seulement la patrie de la foi bouddhique mais aussi le siège du gouvernement en exil. L'intention qui motive cette politique est sans doute de briser les liens historiques entre le Tibet et l'Inde et par là de renforcer les liens moraux avec la Chine - un exemple de plus de la méprise des Chinois à l'égard des aspirations tibétaines.

La contribution de Per Kvaerne est complétée par un entretien avec Samten G. Karmay. Il combine deux points de vue différents dans sa discussion de la religion Bön : celui d'un savant issu de la tradition scientifique occidentale (il est directeur de recherche au CNRS) et celui du Tibétain qui a reçu naguère la formation traditionnelle dispensée dans les monastères *bönpos* et bouddhiques de l'Amdo et du Tibet central. Son analyse vient combattre certaines idées fausses sur le Bön, véhiculées aussi bien par les écrits bouddhistes tibétains que par les commentaires occidentaux. Ses réflexions offrent un précieux éclairage sur l'existence d'un étudiant bönpo dans un centre monastique bouddhique au centre du Tibet, et sur le *modus vivendi* que les représentants des deux religions avaient su atteindre. Il ne fait pourtant pas de doute pour lui que la religion Bön est une religion prébouddhique tibétaine, et que c'est au prix de distorsions historiques que les auteurs bouddhistes recherchent les origines de la culture et de la monarchie tibétaines en Inde.

L'une des manifestations les plus répandues de la religion telle qu'elle est pratiquée au Tibet est la tradition du pèlerinage. Les pèlerinages vont de la courte visite au temple local, à un moment donné du mois, à la longue expédition reliant un grand nombre de lieux sacrés éparpillés un peu partout au Tibet et même dans les pays voisins, en Inde, en Chine et au Népal, où se trouvent des sites bouddhistes ou bönpos. La raison généralement invoquée pour entreprendre un pèlerinage est l'accumulation de mérites, grâce auxquels le bouddhiste pense pouvoir améliorer son sort. Mais, comme Katia Buffetrille le montre, la pratique du pèlerinage a des implications sociopolitiques qui dépassent l'amélioration mécanique de son lot karmique. L'auteur présente le pèlerinage tibétain en général en soulignant son rôle dans la composition de l'identité tibétaine et décrit aussi en détails la circumambulation du mont Amnyé Machèn, à l'est du Tibet. Presque tous les Tibétains ont entrepris un tel voyage et le grand nombre de gens qui partent en pèlerinage dès qu'un interdit officiel sur les manifestations religieuses est levé témoigne bien de l'importance de la coutume.

La plupart des sites qui constituent les points névralgiques d'un voyage sacré ont un double caractère. Ils renvoient d'abord aux dieux du terroir sur lesquels se concentrent l'identité locale de la population ; ces sites offrent aussi une scène aux saints bouddhistes ou bönpos qui ont converti les dieux autochtones à leur propre cause et, plus encore, qui font de ces lieux, dans les guides de pèlerinage, la demeure de l'un ou l'autre des grands dieux tantriques. Le vaste réseau des routes de pèlerinage permet donc de concilier l'attachement régional et la vision unificatrice de la religion lamaïste. Il s'agit d'un réseau latent dont les trajets s'animent seulement avec les milliers de dévots qui les parcourent. La popularité persistante du pèlerinage illustre non seulement la ferveur religieuse des Tibétains mais aussi, bien sûr, le besoin de faire exister en les parcourant les chemins qui unifient leur terre sacrée et, ce faisant, de se réapproprier leur pays.

Une importante destination pour tout pèlerin tibétain est Lhasa. Le cœur de la vieille ville est le Jokhang qui fut construit à l'origine pour abriter une image du Bouddha apportée dans le pays par l'épouse népalaise de l'empereur tibétain au VIIe siècle. C'est à la fois l'un des bâtiments les plus anciens du Tibet et le sanctuaire le plus sacré pour les pèlerins bouddhistes. Lhasa n'était pas seulement le centre de la foi, c'était aussi le centre de l'ancien empire. Tout au long de son histoire la ville fut le point d'intersection des dimensions temporelle et spirituelle. En outre, interdite aux étrangers pendant presque tout le siècle dernier, elle exerça de ce fait sur eux une fascination irrésistible. Les tentatives répétées des explorateurs, des missionnaires, des soldats et des commerçants pour outrepasser cette interdiction sont relatées tout au long de leurs récits de voyage.

Bien qu'étant le centre du pouvoir de l'État tibétain, Lhasa a aussi accueilli les mouvements qui ont le plus menacé cet État même ; ceux-ci incluent les mouvements de réforme fondés par les membres de la noblesse éclairée contre le clergé monolithique et conservateur ; la coterie des sympathisants communistes qui se sont secrètement rencontrés à la veille de l'invasion chinoise, et les démonstrations courageuses contre les Chinois, réitérées régulièrement depuis 1987 - tout cela s'est terminé de façon plus ou moins tragique. Robbie Barnett relate la révolte de 1987 à laquelle il a assisté, et l'atmosphère de peur et de suspicion qui a suivi sa répression. Son récit est combiné à celui des transformations de la ville au cours des quarante dernières années.

D'une certaine façon, répression et changement ne sont pas choses nouvelles dans la capitale du Tibet. La vie urbaine des élégants déjeuners sur l'herbe et l'apparat de l'État comportaient leurs lots d'intrigues suffocantes entre les familles puissantes et les factions rivales du clergé. L'architecture de la ville continua de se transformer : Lhasa ne fut jamais une ville unie, mais plutôt un palimpseste de styles et de conceptions urbaines. Ce qui a plutôt changé, en fait, c'est le changement lui-même. L'important accroissement de la population ces dernières années a mis les Tibétains en minorité. Et, tandis que la diversité des styles architecturaux participait autrefois, malgré tout, d'un langage commun, la vague actuelle de démolitions et de constructions engendre, comme à Babel, une cacophonie de voix qui ne se comprennent plus.

En plus du grand nombre de travaux sur le Tibet menés par des chercheurs étrangers, apparaît un nombre croissant d'autobiographies écrites par les Tibétains eux-mêmes. Ceux-ci sont des moines ou des membres de la noblesse qui, on peut les comprendre, parlent avec peu de chaleur du système communiste chinois qui les a dépossédés. Le personnage interrogé par Harry Cunningham n'est ni exilé, ni victime de la politique communiste chinoise. Il n'a pas quitté le Tibet et a mené une belle carrière dans la fonction publique ce qui, selon ses propres paroles, aurait été absolument impossible sous l'ancien régime, étant donné ses humbles origines. Son regard sur le Tibet pendant cette période n'est donc pas entaché de regrets pour un paradis perdu - à présent à la retraite, il a assez connu l'ancienne théocratie pour en reconnaître l'arrogante incompétence dans la province orientale où il est né -, ni teinté de l'amertume des seigneurs tombés en disgrâce. Mais c'est avec crainte que Jigmé Namgyèl entrevoit le futur incertain de la langue et de la culture tibétaines. Quand il condamne la politique chinoise au Tibet, c'est en invoquant son manque à la fois d'efficacité et de respect pour les hommes. Il dit ce que beaucoup pensent.

Bien que les contributions à ce volume soient centrées sur les quarante dernières années, elles font nécessairement référence à un passé plus lointain dans lequel cette période plonge ses racines. C'est pourquoi le lecteur trouvera, à la fin de ce recueil, une chronologie des événements principaux qui ont jalonné l'histoire du pays, de la formation de l'Empire au VIIe siècle jusqu'à la révolte de 1959.

Charles Ramble

Le Grand Tibet

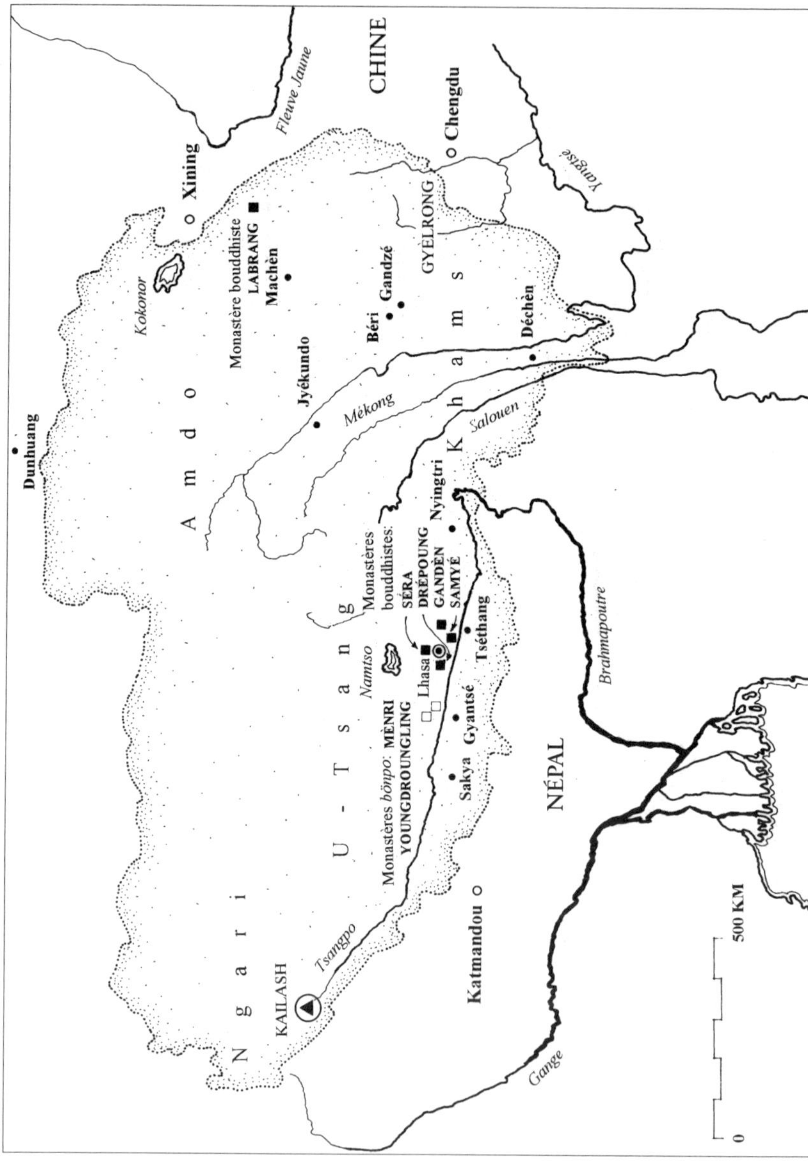

Carte de la Région autonome du Tibet (créée en 1965)

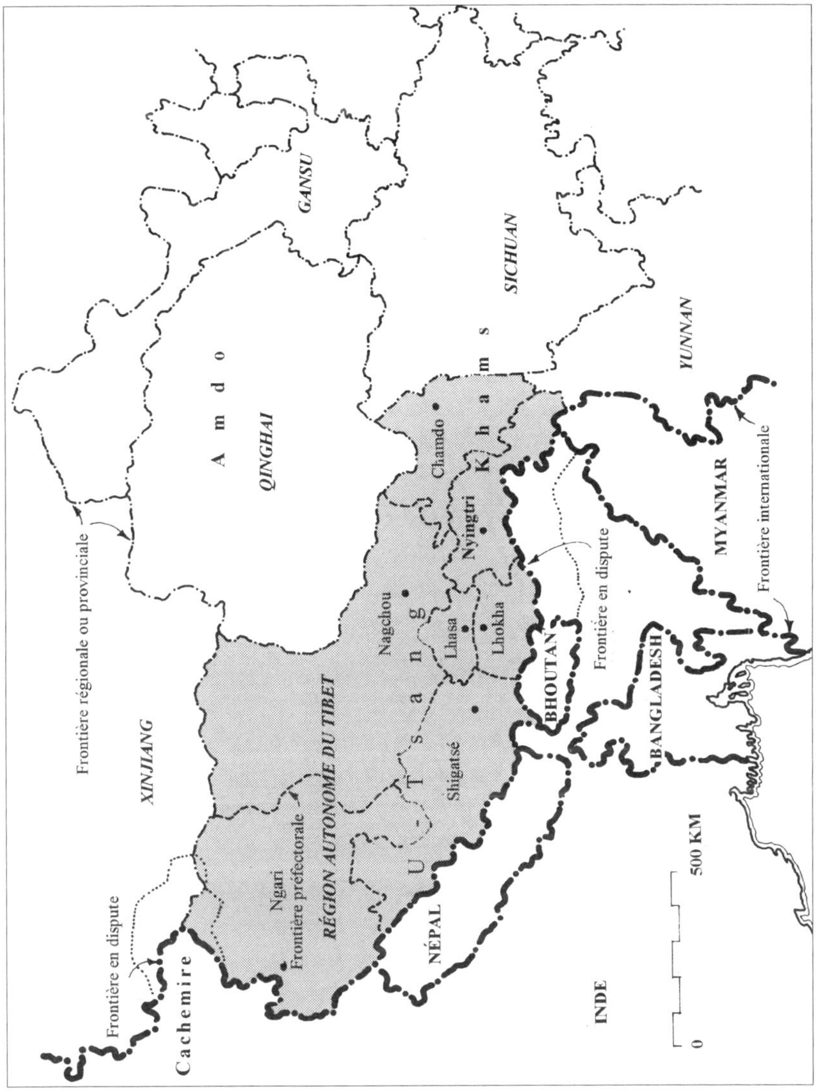

Le nationalisme

Entre mémoires glorifiées et identité collective

Georges Dreyfus

Le Tibet n'est pas uniquement ce Toit du monde mythifié par les orientalistes occidentaux. Ce pays bien « réel » est cimenté par un fort sentiment d'identité collective. Comment s'est formé ce sentiment ? D'où vient-il ? Et comment interfère-t-il avec la culture tibétaine ? Entre religieux et politique, sagas et « textes-trésors » fondent, dès l'époque prémoderne, les bases du nationalisme actuel.

Associer nationalisme et Tibet pourrait, à première vue, surprendre ceux pour qui ce nom évoque ce Shangrila lointain et idéal dépeint dans les travaux des orientalistes occidentaux. De tous les pays d'Asie, le Tibet est celui qui semble avoir eu le privilège ambigu d'incarner le plus de fantasmes dans l'imagination occidentale. On ne se figure guère le Toit du monde comme un pays « réel », doté d'un peuple « réel » et d'une histoire « réelle ». Il est, le plus souvent, considéré comme une contrée de rêve, aux contours prestigieux mais fantomatiques. Que cette image corresponde peu à la réalité est une évidence pour la plupart de ceux qui connaissent ce pays. Ce qui est moins clair, c'est en quoi le Tibet diffère de ces images idéales.

Un des éléments qu'il faut noter est l'immense fierté qu'ont les Tibétains de leur identité ; une attitude que les tribulations qu'ils subissent depuis les années 50 n'a pu que renforcer. Cette fierté précède les événements traumatisants qui ont marqué l'irruption de la modernité dans le pays. Elle puise son origine dans une mémoire collective qui crée un sentiment de communauté. Ce sentiment d'identité collective permet de comprendre comment s'est formé le nationalisme tibétain moderne. Dès le XIIIe ou le XIVe siècle, on peut trouver trace de l'idée que les Tibétains avaient de leur appartenance à une communauté politique : le Tibet conçu comme un pays ou un royaume. Ce sentiment collectif d'identité ne se rapporte pas à un État-nation, défini comme une communauté composée d'individus vivant à l'intérieur d'un espace délimité par des frontières, et ne peut donc être décrit comme une forme de nationalisme *stricto sensu.* C'est une préfiguration du nationalisme tibétain moderne.

Le présent article n'a pas exclusivement en vue le processus de la formation du nationalisme au Tibet. Il propose une réflexion théorique plus large sur les sources du nationalisme et sur sa diversité. Nous devons résister à la tentation de réduire ce concept à un modèle essentiellement occidental, né de l'émergence de la sécularisation et de l'individualisme, et à une maladie moderne transmise aux autres parties du monde. Nombre de sociétés non occidentales semblent avoir rejeté une telle norme, soi-disant universelle, et se tournent, pour le meilleur comme pour le pire, vers certaines formes de nationalisme religieux. Rien ne saurait jeter plus de lumière sur ce phénomène, qui peut souvent effrayer, qu'une réflexion sur quelques-unes des formes prémodernes de l'identité collective, telle qu'elle apparaît dans la culture tibétaine.

Certes, le nationalisme et son corrélat, l'État-nation, sont des phénomènes modernes, mais ils peuvent avoir leurs sources dans des traditions politico-religieuses locales : ainsi, les nationalismes du prétendu Tiers Monde, plutôt que d'être une conséquence de l'intrusion coloniale de l'Occident, sont parfois nés de sentiments identitaires, populaires et traditionnels, conduisant au développement d'États-nations et à l'apparition du nationalisme.

Le nationalisme : une invention moderne occidentale ?

Loin d'être tombé en désuétude, le nationalisme est devenu une tendance universelle et souvent effrayante, à contre-courant de la mondialisation croissante. Parce qu'il fait porter l'accent sur des différences insignifiantes entre les groupes humains, et qu'il les exalte, il a pu être perçu comme exprimant le côté irrationnel de l'humanité, apparence qui n'est pas sans justification, en particulier en ce siècle où les nationalismes ont conduit, et conduisent toujours, à des dévastations sans précédent.

Le nationalisme est l'objet d'une attention renouvelée depuis une vingtaine d'années et, dans la littérature qui lui a été récemment consacrée, il est généralement tenu en suspicion. L'une des tendances générales de cette littérature a été de le démythifier, en arguant qu'il est en fait une création moderne, en dépit de sa prétention à représenter et à défendre les racines d'un peuple. Le nationalisme a été ainsi dépeint comme « une invention de tradition », comme une création factice replacée symboliquement dans le passé d'une communauté humaine pour légitimer son organisation politique présente.

Nous devons cependant nous méfier de toute tentative qui viserait à réduire systématiquement tous les nationalismes à ce modèle. Dépeindre le nationalisme comme un phénomène récent et dépourvu de racines constitue une simplification excessive qui masque les spécificités de chaque situation. Cette vue étroite fait obstacle au pluralisme qui nous permettrait d'apprécier les nationalismes dans leur diversité.

Il n'est pas vrai que tous les nationalismes, ni même que la plupart d'entre eux, aient été précédés par le même genre de sentiments prémodernes d'identité collective. La formation de certains États himalayens en bordure du Tibet s'est faite selon un autre modèle. Par exemple, la création de la nation népalaise semble être une parfaite illustration de l'invention moderne de tradition ; il s'agit d'un phénomène récent, sans racines profondes dans le passé. Le cas du Tibet est différent et fait exception à ces modèles qui ne font du nationalisme qu'une invention moderne de tradition. Néanmoins, il est important de rappeler que les formes tibétaines traditionnelles d'identité collective ne sont pas essentialistes mais relationnelles (l'identité n'est jamais donnée mais n'existe qu'en fonction d'un contexte). Le fait qu'elles aient existé antérieurement à l'intrusion de la modernité et qu'elles constituent une base pour le nationalisme moderne ne présuppose pas une quelconque identité collective naturelle. Cela implique plutôt que l'invention de formes prémodernes d'identité collective préfigure le nationalisme moderne.

Le Tibet, un pays

Nombre d'observateurs ont relevé le très fort sentiment d'identité collective qui habite les Tibétains. R. Ekvall, un missionnaire américain qui vécut plusieurs années au Tibet oriental dans les années 30, décrit dans un essai sur le sujet les aspects religieux, folkloriques, linguistiques et ethniques du phénomène. Il montre comment les Tibétains conçoivent leur sentiment d'identité : ils se considèrent comme des pratiquants du bouddhisme, qui suivent des coutumes particulières (telles que le partage de la même nourriture, sans discrimination), qu'ils tiennent pour propres à leur communauté, et ils ont le sentiment de parler une langue singulière. L'auteur insiste également sur le fait que les Tibétains estiment appartenir à une filiation raciale tout aussi unique, et vivre dans un habitat exceptionnel, auquel ils sont liés par un sentiment de fiers propriétaires et de légitimes possesseurs ; ce qu'illustre le dicton populaire selon lequel les Tibétains sont des gens aux cheveux noirs, chaussés de bottes de feutre et qui mangent de la farine d'orge grillée.

Le Tibet auquel les Tibétains se sont identifiés dans le passé n'est pas un État-nation défini par ses frontières ; c'est une communauté politico-culturelle dont l'existence n'est guère assignable, et n'a correspondu que très occasionnellement avec des pouvoirs établis. R. Ekvall a raison de souligner que les Tibétains ont été « très souvent divisés » ; ils ont rarement vécu sous une seule autorité et, de ce fait, ils n'ont pas eu réellement l'idée de ce que cela signifiait. De plus, dans les rares périodes durant lesquelles ils ont été dirigés par un pouvoir unique, ils ont eu tendance à se montrer peu enclins à s'y plier. Ainsi, durant la domination du gouvernement de Lhasa, ceux qui vivaient à l'extérieur du Tibet central ont toujours été très réticents à accepter cette autorité. Aussi, d'un point de vue institutionnel, l'histoire du Tibet est-elle très fragmentée, et on ne peut que souligner l'absence d'une composante politique dans le sentiment tibétain d'une identité collective.

Ce serait une erreur, cependant, de suggérer que la nature fragmentée de l'autorité politique au Tibet indique une absence totale de sentiment d'appartenance à une communauté politique. Ce sentiment existe, mais il ne s'exprime pas clairement sur le plan institutionnel. Retraçons brièvement les étapes les plus significatives du phénomène.

Au Tibet, le développement d'un sentiment d'identité collective est dominé par la création et la disparition d'un puissant empire tibétain entre le VIIe et le IXe siècle. L'unification du Tibet sous le règne de la dynastie du Yarloung fut réalisée par le célèbre roi Songtsèn Gampo (618-641) et par son père Namri Songtsèn. Avant leur accession au pouvoir, leur dynastie régnait seulement sur une portion limitée du Tibet tel qu'il est historiquement connu. À la fin du règne de Songtsèn Gampo, le Pays des Neiges était un empire unifié et fort, s'étendant au-delà des frontières de l'aire culturelle tibétaine[1]. Mais il était aussi une puissance militaire avec des visées impérialistes, non seulement sur la route de la soie, mais également sur de vastes parties de l'Empire chinois, et sur toute la chaîne himalayenne. Durant les deux siècles suivants, les relations qu'entretint le Tibet avec la dynastie chinoise des Tang, les envahisseurs arabes et d'autres groupes d'Asie centrale (tels que les Ouïgours), furent marquées par une alternance de guerres et de traités de paix pour le contrôle de ces régions.

C'est également durant cette période que, selon la tradition, le bouddhisme fut introduit au Tibet grâce à Songtsèn Gampo et à son mariage avec deux princesses bouddhistes (l'une chinoise et l'autre népalaise). Cependant, cette religion ne prit une importance déterminante qu'un siècle plus tard, à l'époque du roi Trisong Détsèn (règne : 756-797), fondateur de Samyé, le premier monastère au Tibet.

1. Cette aire doit être distinguée de ce que la République populaire de Chine appelle la Région autonome du Tibet, et qui couvre un espace beaucoup plus restreint. La différence s'explique par l'intégration qui a été faite de certaines parties orientales du Tibet dans les provinces chinoises actuelles du Qinghai, du Sichuan, du Gansu et du Yunnan.

La fin de ce puissant empire survint aux environs de 842, lorsque fut assassiné le dernier roi, Langdarma (règne : 836-env. 842), tenu par les historiographes bouddhistes tibétains ultérieurs pour un cruel persécuteur du bouddhisme. Une guerre civile s'ensuivit et le pays se désintégra, perdant en même temps sa puissance militaire et son unité politique. D'une certaine manière, le Tibet ne se remit jamais de cette dissolution.

Le développement du sentiment d'identité décrit ici ne se produisit pas durant ces périodes, mais par la suite, à l'époque dite de la seconde diffusion du bouddhisme, qui débuta à la fin du Xe siècle pour atteindre son apogée entre le milieu du XIe et la fin du XIIIe siècle. Le sentiment d'identité qui existait sous l'Empire n'est pas en réelle continuité avec le nationalisme moderne tibétain ; il s'évanouit après la disparition de l'Empire, et son souvenir s'effaça, pour une large part, de la mémoire des Tibétains, dont la plupart finirent par ne plus s'identifier aux personnages et aux valeurs présents dans les récits de cette époque. Ainsi, les légendes indigènes qui présentaient les premiers rois comme descendant du ciel, furent remplacées par d'autres qui racontaient que ces mêmes rois étaient venus de l'Inde.

Il ne s'agit pas ici de dénier aux Tibétains un sentiment d'identité collective antérieur à la seconde propagation du bouddhisme dans le pays. Un tel sentiment existait probablement auparavant, par exemple sous l'Empire ; quelques-uns des plus anciens rituels peuvent être considérés comme autant de manifestations d'un sentiment vif et précoce d'identité collective durant l'Empire. C'est également à cette époque que le Tibet acquit les diverses caractéristiques de son identité culturelle et linguistique. La langue tibétaine fut codifiée et l'écriture créée, ce qui contribua à la naissance d'une communauté culturelle. Il y eut alors des élites érudites, aptes à produire une nouvelle culture sur la base de la permanence des écrits.

Le développement d'une langue commune est l'une des sources évidentes du sentiment de l'identité collective. Le langage est un stimulant majeur du sens de la différence entre les peuples. Il est un moyen facile de « nous » démarquer (nous qui parlons une « vraie » langue) d'« eux », qui émettent des sons incompréhensibles. Au Tibet, la création d'une langue codifiée contribua au développement de ce sentiment culturel d'être tibétain. Néanmoins, la langue n'est pas le facteur décisif du développement de l'identité politique. Un langage commun existait depuis plusieurs siècles, sans qu'émerge un sentiment d'identité collective ou de protonationalisme. Un autre facteur doit donc être recherché pour expliquer la naissance d'un tel sentiment après le XIIe siècle.

Entre le XIIe et le XIVe siècle, les Tibétains recommencèrent à s'envisager sous une forme collective. Cette nouvelle orientation culturelle se fit jour dans le courant du XIIe siècle ; elle s'intensifia considérablement aux XIIIe et XIVe siècles sous la pression de la situation politique en Asie centrale. Un tel sentiment de communauté doit être distingué des autres formes de sentiment traditionnel d'identité collective en ce qu'il est une source du nationalisme moderne. Le concept d'identité naît de la conjonction de plusieurs facteurs, religieux, politiques, économiques, sociologiques qui, tous, contribuent à sa création sans qu'il y ait de raison d'en privilégier un par rapport aux autres.

Cependant, il faut souligner le rôle de la mémoire. Le sentiment d'identité repose sur celui d'une appartenance actuelle ou passée à une entité politique. Il peut être caractérisé par le pouvoir qu'ont certaines réminiscences collectives (que l'on trouve dans les principaux récits) de forger un sentiment de communauté. Les groupes sociaux forment des images d'eux-mêmes par rapport aux événements qu'ils reconnaissent comme fondateurs. Ce lien commun avec un passé collectif est revécu au travers des récits, des cérémonies, et dans la vie quotidienne. La communauté qui est ainsi bâtie est fondée sur cette mémoire collective.

Au Tibet, un tel sentiment de communauté surgit d'une aspiration à restaurer la puissance abolie de l'Empire tibétain. Il naît à la fois de la remémoration du passé disparu, contrastant avec la décadence du présent, ainsi que du désir de rendre la situation actuelle supportable par le rappel du passé. L'importance du souvenir du glorieux empire, dans la création d'une identité tibétaine, est manifeste dans l'apparition d'un genre de littérature religieuse, les « textes-trésors » *(tèrma).*

L'identité collective et ses expressions culturelles

Les textes-trésors sont traditionnellement décrits comme des textes religieux enfouis, en général, à l'époque de la persécution du bouddhisme par le roi Langdarma. La plupart de ces écrits sont dits contenir des paroles de Padmasambhava, le yogi indien. Selon la tradition, celui-ci serait venu au Tibet, à l'invitation du roi Trisong Détsèn, pour en chasser les démons et introduire les *tantra* bouddhiques. Le saint indien confia ces textes à des disciples prédestinés qui reçurent le pouvoir de les redécouvrir lors de vies futures, en temps opportun.

Dès le XIIe siècle, de nombreux textes furent « redécouverts » par une succession de « découvreurs de trésors » *(tèrtön)*, tels Nyang rèl Nyima Öser (1136-1204) et Gourou Chöwang (1212-?). Parmi les découvertes de Nyang rèl figurait le *Mani Kaboum*, l'un des textes-trésors essentiels qu'il conviendra d'examiner dans cet article, dans la mesure où il est singulièrement pertinent pour notre sujet. Ces « découvreurs » appartenaient, pour la plupart, à l'école ancienne *(nyingmapa)* du bouddhisme tibétain (mais il existe aussi une tradition bönpo). Ce mouvement se développa d'une façon significative au XIVe et au XVe siècle, lorsque de nombreux textes furent redécouverts par Ogyèn Lingpa (1323-1373), et par Dorjé Lingpa (1346-1405), qui étaient réputés être les réincarnations du roi Trisong Détsèn. Ogyèn Lingpa ne découvrit pas moins de vingt-huit « trésors » importants, parmi lesquels le *Péma Thang Yig*, la saga de Padmasambhava et le *Kathang Dènga*, qui raconte l'histoire des rois bouddhistes. Avec le *Mani Kaboum* et le testament apocryphe de Songtsèn Gampo, le *Kachèm Kakhölma*, ils constituent quelques-uns des textes-trésors les plus significatifs sur le plan culturel. Ce mouvement s'est poursuivi tout au long de l'histoire du Tibet. Au XIXe siècle, le maître Kongtrul Lodrö Thayé a compilé une collection de textes-trésors, le *Rinchèn Terdzö*, qui comporte cent onze volumes.

Avant de décrire le rôle de ces textes dans le développement de l'identité collective tibétaine, deux points doivent être précisés.

Le premier est que le contenu des textes-trésors est essentiellement d'ordre religieux. Ces écrits enseignent des pratiques relatives à des divinités, souvent Avalokiteshvara sous l'une de ses formes (Padmasambhava est considéré comme une incarnation de ce *bodhisattva*[2]). Ils renferment aussi des discussions doctrinales élaborées. Nombre de textes-trésors se limitent à l'enseignement d'un cycle de pratiques religieuses. Ceux auxquels nous nous intéressons présentent d'autres aspects qui ont une signification culturelle et politique plus importante. Ils offrent des récits historiques qui expriment un souci manifeste du problème de l'identité tibétaine.

Il faut ensuite souligner la nature mnémonique des textes-trésors. Selon la tradition nyingmapa, un texte ne saurait être identifié comme un « trésor » du seul fait qu'il est apparu à un découvreur inspiré ; il ne peut être reconnu comme tel que s'il a sa source dans un événement historique déterminé dont se souvient le découvreur. Autrement dit, il doit être découvert par un(e) adepte qui estime avoir été désigné(e) par Padmasambhava, dans une vie antérieure, pour le découvrir. Un texte-trésor contient généralement une partie historique décrivant l'origine du cycle, ainsi qu'une prophétie relative à sa révélation ultérieure par le découvreur. En général, cette section comporte également une présentation de l'auteur du texte-trésor, de même qu'une biographie du découvreur. Ces textes sont considérés, dans la tradition nyingmapa, comme autant de réminiscences d'événements historiques.

La nature mnémonique des textes-trésors apparaît plus clairement encore quand on sait qu'il n'est pas nécessaire de les découvrir en un lieu physiquement réel, quoique cela soit souvent le cas. Certains sont trouvés par l'être prédestiné dans son propre esprit, et ils sont qualifiés alors de « trésors de l'esprit » (par opposition aux « trésors de la terre »). Ce mode surprenant de transmission révèle une caractéristique importante de la manière dont les textes-trésors sont interprétés dans la tradition nyingmapa. Ce ne sont pas des écrits simplement enfouis, et par la suite déterrés ; ce sont plutôt des enseignements dissimulés par leurs auteurs (notamment

2. C'est un être (humain ou mythique) qui a atteint l'éveil mais qui, au seuil de la libération définitive *(nirvana)*, y renonce dans le but de sauver les autres êtres.

Padmasambhava) au plus profond de la mémoire de leurs disciples les plus prometteurs ; ceux-ci s'en souviennent lorsqu'ils s'éveillent à la nature essentielle de leur esprit, qui est le dépositaire de ces enseignements. L'important est moins la découverte physique de ces textes que leur remémoration par les découvreurs, conformément au mandat qu'ils ont reçu.

Dimensions de l'identité collective

Le caractère mnémonique des textes-trésors n'intéresse pas seulement la phénoménologie de la révélation religieuse ; il est directement lié à notre sujet, car les souvenirs décrits par certains de ces textes expriment un souci très net du problème de l'identité tibétaine. Le *Mani Kaboum* est ici particulièrement pertinent. Il identifie le Tibet à un pays non bouddhiste, civilisé par le bouddhisme. Le Pays des Neiges est, à l'origine, une terre « peu fréquentable », la « Terre des mauvais sujets », la « Terre des démons rouges mangeurs de chair », etc. Les Tibétains sont décrits comme des être sauvages, barbares, etc., enclins à la guerre et à la violence, qui ne montrent de respect que pour la force, la vigueur et le courage. Cette façon négative de se dépeindre n'est pas surprenante chez un peuple qui s'est converti à une autre religion ; mais la dimension politique de ce phénomène est plus intéressante.

Les textes-trésors prétendent que l'introduction du bouddhisme a transformé ce pays en une terre héritière de la position centrale qu'occupait l'Inde dans l'univers bouddhique. Cette transformation serait due aux activités bénéfiques développées par Avalokiteshvara, le « saint patron » du Tibet, au cours de ses manifestations occasionnelles, tout au long de l'histoire du Tibet, sous la forme de Songtsèn Gampo, de Padmasambhava, d'Atisha[3], etc. Selon le *Mani Kaboum*, les Tibétains entretiennent une relation spéciale avec ce bodhisattva. Le Tibet a été désigné par le Bouddha lui-même comme le domaine particulier de cette divinité, « lot

3. Atisha, grand maître indien, fut invité au Tibet par le roi du Tibet occidental pour aider à la renaissance du bouddhisme. Il y arriva en 1042 et mourut au Tibet central en 1054.

divin » des Tibétains qui, depuis l'enfance, connaissent son *mantra* en six syllabes - *Om mani pémé houm.*

La transformation du Tibet est marquée par l'élaboration d'une géographie sacrée où les frontières sont définies autour d'un nouveau centre. Le *Mani Kaboum* décrit les difficultés qu'éprouva Wengchèn, l'épouse chinoise de Songtsèn Gampo, alors qu'elle apportait la statue du Bouddha Shakyamouni (Jowo rinpoché) qui, par la suite, fut installée dans le Jokhang, le temple central de Lhasa. Cet édifice religieux, ainsi que la statue, devinrent ultérieurement les plus importants objets de vénération des Tibétains. À partir de figures de géomancie, Wengchèn découvrit que le sol du Tibet était semblable au corps d'une démone couchée sur le dos. L'endroit présentait de nombreuses configurations négatives, mais recelait aussi certaines qualités. Pour mettre ces dernières en œuvre, un réseau complexe de temples fut construit par Songtsèn Gampo, à la demande de la princesse chinoise.

Le système de géomancie adopté était une transposition d'un système chinois. Fondé sur un axe est-ouest il contenait treize temples bâtis sur des points clés. Quatre temples intérieurs fixaient la partie supérieure du corps de la démone, quatre temples extérieurs les membres, et quatre temples situés au-delà des frontières, les extrémités des membres. Le temple central fut construit sur son cœur. Ces treize temples permirent de contrôler la sauvagerie du pays, et transformèrent celui-ci en une paisible contrée bouddhiste.

L'importance de cette transformation, décrite dans le *Mani Kaboum* et autres textes-trésors, est moins historique que symbolique. (Il existe de bonnes raisons de douter du caractère historique de ce récit. Le réseau des treize temples représente probablement une interprétation tardive du processus lent et graduel de « bouddhisation » qui se produisit entre le VIIIe et le XIIe siècle.) Ce récit, qui comporte plusieurs niveaux de lecture, traite surtout des changements religieux marqués par l'introduction du bouddhisme, et sa domination sur la religion ancienne du Tibet. Cependant, l'élaboration d'une géographie sacrée n'est pas seulement un phénomène religieux ; elle indique aussi l'émergence d'un nouveau sentiment communautaire. Auparavant, le centre du pays gouverné par la dynastie du Yarloung se trouvait à Chyonggyé, dans la vallée du Yarloung (au sud-est de Lhasa), site de sépultures royales. Dans le nouveau système, Lhasa, qui est ainsi dotée de pouvoirs sacrés, à la fois religieux et politiques, est devenue le centre d'une communauté nouvellement imaginée, dont les frontières sont définies par le réseau des treize temples décrits dans ces textes-trésors.

Une telle géographie traduit un souci d'identité collective comportant plusieurs aspects dont quatre seront abordés ici : le religieux, le sectaire, l'ethnique et le politique.

En premier lieu, les textes-trésors expriment un souci évident d'identité religieuse. Durant les XIe et XIIe siècles, le bouddhisme s'établit fermement au Tibet, sous une forme qui ne changea guère au cours des siècles suivants. En particulier, des institutions monastiques qui allaient souvent s'affronter par la suite furent alors fondées. Ce processus de formation d'une tradition souleva des questions de légitimité, à savoir comment les bouddhistes pouvaient justifier leur présence relativement récente. Le bouddhisme n'était devenu une partie conséquente de la tradition tibétaine qu'à partir de la fin du VIIIe siècle, quoique des traces de sa présence au Tibet apparaissent dès le début du VIIe siècle. Même alors, il n'était pas accepté par les adeptes des traditions autochtones. Après la désintégration de l'Empire, il fut persécuté dans sa forme monastique, mais continua d'exister. Sa renaissance officielle, décrite comme la seconde diffusion de la doctrine, date de la fin du Xe siècle. En Chine, les bouddhistes tentèrent de justifier leur présence en reliant leur tradition aux enseignements des anciens sages, tel Lao-Tseu. Au Tibet, où la religion autochtone était fort différente, une telle assimilation n'était pas possible. Les bouddhistes se présentèrent donc en opposants de la religion locale : le Tibet prébouddhique fut alors décrit comme une terre de barbares, sauvée par le bodhisattva Avalokiteshvara. De plus, les bouddhistes justifièrent leur prédominance en s'identifiant eux-mêmes aux monarques les plus célèbres de l'histoire tibétaine, Songtsèn Gampo et Trisong Détsèn, ce qui fut facilité par le fait que ces rois correspondaient au concept bouddhique de « roi vertueux », de « roi selon la Loi » *(chögyèl)*. Songtsèn Gampo fut dépeint comme le fondateur du bouddhisme au Tibet, patronnant et propageant le culte d'Avalokiteshvara. On fit de Trisong Détsèn le transformateur du Tibet en un pays bouddhique ; on vit en lui une manifestation du bodhisattva Manjoushri et un disciple de Padmasambhava, lui-même considéré comme une manifestation d'Avalokiteshvara. En présentant Songtsèn Gampo et Trisong Détsèn comme des rois bouddhistes, les partisans de cette religion légitimaient leur présence en pays étranger. En s'identifiant aux figures importantes de l'histoire tibétaine et en les réinterprétant, ils établissaient leur domination morale sur la nouvelle culture qui s'instaurait au Tibet.

Les textes-trésors ont contribué à ce processus de légitimation. Ils étaient centrés sur ces deux monarques et sur Padmasambhava, fondateurs du Tibet bouddhique. Songtsèn Gampo, Trisong Détsèn et d'autres rois étaient souvent confondus dans la mémoire collective ; ils se fondirent en un seul personnage, le roi vertueux, qui représentait et légitimait l'établissement du bouddhisme au Tibet. Fut également inclus dans cette constellation le maître tantrique Padmasambhava, dont les pouvoirs magiques sont réputés avoir permis à Trisong Détsèn la fondation du monastère de Samyé, symbole de la constitution du Tibet bouddhique.

Le deuxième aspect de la rhétorique de l'identité dans la littérature des textes-trésors concerne l'extrême variété des efforts déployés par des groupes bouddhistes au Tibet pour justifier leur sectarisme. Ces textes sont surtout associés à la tradition de l'école ancienne, ce qui n'est nullement surprenant, puisque cette école de pensée est issue des premières strates du bouddhisme constituées sous l'Empire. Quoique celui-ci se soit effondré et que les institutions bouddhiques aient été supprimées après 842, il y a tout lieu de penser que des éléments bouddhiques populaires ont subsisté, et ont constitué le fondement de la renaissance officielle du bouddhisme à la fin du Xe siècle.

La réintroduction officielle du bouddhisme durant les XIe et XIIe siècles eut une influence sur les pratiquants de l'école ancienne. Ils se trouvèrent confrontés à des traditions bien organisées, telles que celles des sakyapas et des kagyupas, qui faisaient valoir leur authenticité, dérivée de leurs contacts récents avec l'Inde, la terre sainte du bouddhisme. Il s'ensuivit un besoin, pour les adeptes de l'école nyingmapa, de développer une identité qui justifierait ses origines bouddhiques : la découverte des textes-trésors fut l'un des moyens d'affirmer leurs droits en concentrant l'attention sur Padmasambhava, qui fut alors présenté comme le fondateur indien de l'école ancienne, celle-ci étant distinguée des nouvelles écoles développées durant les XIe et XIIe siècles. Ainsi, le rôle de ce maître dans l'établissement du premier monastère de Samyé devint le symbole de l'établissement du bouddhisme au Tibet, attestant du lien entre l'Inde et l'école ancienne.

Le troisième aspect est le caractère central des rois bouddhistes dans les textes-trésors. C'est également une façon de déterminer l'identité ethnique des Tibétains, conçue en termes d'ascendance commune, réelle ou supposée. En plaçant au premier plan la figure d'Avalokiteshvara, ces écrits donnent un sens au fait d'être tibétain. Les Tibétains sont alors définis en vertu de leur appartenance à une race dont les origines remontent à ce bodhisattva. Le *Mani Kaboum* le montre désireux de s'accoupler avec une démone pour donner naissance à la vigoureuse race tibétaine. Ainsi, par leur naissance même, les Tibétains ont une relation spéciale avec Avalokiteshvara qui est à la fois leur père et leur divin protecteur.

Les textes-trésors contribuent donc à la construction d'une identité collective dans une période transitoire de l'histoire du Tibet. Au XIIe siècle, alors que le bouddhisme est bien établi, une telle identité peut difficilement être dissociée de l'appartenance religieuse. Être tibétain implique alors un lien avec le bouddhisme. Cependant, cette signification ne se réduit pas à une définition limitée, religieuse ou sectaire, mais elle inclut aussi le problème de l'identité tibétaine proprement dite. Nous pourrions parler de « tibétanité », à condition de ne pas faire référence à une identité naturelle ou essentielle, mais à une identité construite de manière transactionnelle.

La dimension politique de l'identité tibétaine

Il s'agit donc de distinguer ici les aspects religieux et ethniques du nationalisme de ses implications politiques, contraires à l'image moderne que les Chinois donnent des Tibétains comme membres d'un groupe ethnico-religieux à l'intérieur de la communauté politique chinoise. Notre insistance sur l'aspect politique du sentiment tibétain d'identité collective vise à montrer l'erreur du point de vue chinois.

Les textes-trésors insistent beaucoup sur le destin du Tibet en tant que pays bouddhique distinct de tout autre. Outre les enseignements religieux qui en constituent l'essentiel, ces textes prédisent aussi l'avenir du pays. Ainsi, ceux que découvrit Gourou Chöwang annoncent l'invasion du Tibet par les Mongols. Certains, tels que le *Péma Thang Yig*, prédisent des luttes intestines, des dissensions et la famine. Il s'agissait donc aussi d'écrits à connotation politique, considérés comme tels par leurs contemporains.

L'émergence, à une époque donnée, d'une perception du Tibet en tant que pays distinct, est liée au développement d'une culture bouddhique ; ce n'est certainement pas une coïncidence. La nouvelle identité tibétaine reflète une tentative des bouddhistes pour établir une société stable dans laquelle leur tradition pourrait s'épanouir. L'aspect politique de leur effort est mis en évidence dans le *Mani Kaboum*, qui présente les Tibétains comme les habitants d'un pays gouverné, à une certaine époque, par le roi Songtsèn Gampo, identifié à Avalokiteshvara.

Ainsi, être tibétain comporte une nouvelle signification : celle d'être né dans un pays dirigé par ce monarque et d'autres puissants rois bouddhistes. Il s'agit là d'un sentiment d'identité collective, défini comme un sentiment d'appartenance à une communauté ayant une valeur intrinsèque, une communauté construite autour d'une mémoire commune.

L'opposition entre les aspects religieux et politiques de l'identité tibétaine ne saurait être qu'artificielle, et il serait naïf de soutenir qu'ils puissent être clairement séparés. Je voudrais simplement montrer que la dimension religieuse ne devrait pas occulter les réalités politiques.

Ce fut une tendance persistante des orientalistes occidentaux que de négliger ces aspects dans l'étude des sociétés asiatiques. L'orientalisme s'est fondé sur la marginalisation de leurs cultures, considérées comme totalement étrangères et donc inférieures. L'une de ses méthodes favorites a été de faire abstraction de leur historicité en les réduisant de la sorte à des essences immuables expliquées, exclusivement ou presque, en termes religieux ; d'où la manière dont on a rendu compte de la bizarrerie de ces sociétés. Cette façon de procéder est pernicieuse dans la mesure où elle occulte le sens que les sociétés asiatiques ont de leur organisation politique et où elle les transforme en de dociles objets du savoir.

Cette approche a connu des succès insignes en ce qui concerne le Tibet. Cependant, une entorse intéressante à l'histoire veut que le vilain, ici, ne soit pas l'habituel impérialiste occidental. Certes, des érudits occidentaux, tels que L. A. Wadell (1854-1938) et A. David-Neel (1868-1969), ont contribué à répandre l'image d'un pays de rêve, irréel, avec des moines et des adeptes du tantrisme ; mais là n'est pas la cause principale de l'aliénation du Tibet. La République populaire de Chine a été plus efficace, présentant les Tibétains comme les membres d'une minorité religieuse et culturelle dépourvue d'identité historique ou politique significative. Il faut corriger cette image déformée en soulignant la conscience que les Tibétains ont eue jadis d'une organisation politique, et donc la dimension politique du souvenir qu'ils ont conservé de Songtsèn Gampo.

C'est sur ce point que l'on peut prendre la pleine mesure du rôle de la mémoire dans l'élaboration d'une conscience identitaire. Le sentiment d'être tibétain naît de la relation entretenue avec l'histoire de Songtsèn Gampo et des autres rois vertueux. Ces personnages représentent un Tibet fort et indépendant. Ce sont ces réminiscences qui permettent de définir le Tibet comme un pays autrefois puissant, et qui donnent le sentiment de participer à une telle communauté.

La mémoire, telle qu'elle est contenue dans les textes-trésors, agit comme un foyer d'identité. Elle permet aux Tibétains de se comprendre eux-mêmes, de participer à une histoire dans laquelle Avalokiteshvara et les rois vertueux jouent le rôle central. Elle explique les efforts déployés avec insistance durant une grande partie de l'histoire du Tibet pour recréer un pays puissant et unifié.

Les expressions institutionnelles de l'identité collective

Parmi les nombreuses tentatives d'unification du Tibet, la première se produisit au XIIIe siècle ; c'était un moyen de faire face à la situation en Asie centrale et en Chine. En 1226, Genghis khan détruisit l'Empire tangout établi dans les provinces chinoises actuelles du Qinghai et du Gansu. L'événement créa une situation nouvelle pour les groupes en conflit qui avaient maintenu le Tibet divisé après la disparition de l'Empire. Les Tibétains devaient se soumettre à la loi mongole, ou subir le sort de leurs voisins tangouts. La nécessité de traiter avec les Mongols obligea les divers groupes en guerre au Tibet à coopérer. Sous la souveraineté mongole des Yuan (1276-1368), le Tibet central (les provinces du U et du Tsang) fut organisé en treize divisions administratives (myriarchies), elles-mêmes placées sous l'autorité des dignitaires sakyapas.

À partir de la fin du XIIIe siècle, la suprématie sakyapa s'affaiblit, puis déclina jusqu'au milieu du XIVe siècle. Une puissante personnalité, Changchoub Gyèltsèn (1302-1364), de la famille des Phagmodroupas, introduisit une nouvelle domination sur le Tibet. L'importance de son ascension ne saurait se concevoir en termes institutionnels, car il échoua dans sa tentative de créer un gouvernement fort. À la suite de sa mort en 1364, l'emprise de la famille Phagmodroupa sur le reste du pays diminua, pour ne subsister que nominalement après le milieu du XVe siècle.

La suprématie de Changchoub Gyèltsèn revêt cependant de l'importance dans la mesure où elle montre le rôle capital de la mémoire dans le sentiment tibétain d'identité. Le lien entre sa propre autorité et l'identité tibétaine fut souligné par Changchoub Gyèltsèn lui-même, à travers l'affirmation réitérée du caractère proprement tibétain de son autorité. Sous son règne, le Tibet fut présenté comme un pays différent à la fois de la Chine et de la Mongolie. Dans ce but, les titres chinois ou mongols tels que celui de précepteur impérial furent abandonnés. Changchoub Gyèltsèn s'intitula lui-même régent et ses successeurs prirent les titres de

« seigneur divin » *(lhatsun)* et de « chef suprême » *(gongma)* pour insister sur le caractère unique de leur royaume.

Changchoub Gyèltsèn s'efforça de rendre au Tibet sa grandeur passée de plusieurs autres manières. Il adopta l'ancien code des treize châtiments promulgué par Songtsèn Gampo et il organisa la structure administrative de l'empire. Ainsi, au lieu des treize fonctions de gouverneurs établies de manière héréditaire sous les sakyapas, il proposa de diviser le Tibet en de nombreuses préfectures *(dzong)* dirigées par des préfets *(dzongpön)*. De même, le cérémonial qu'il adopta reflète une tentative de retrouver la grandeur passée de l'Empire. Il donna aux cérémonies du Nouvel An, imitées de celles des premiers rois, l'importance qu'elles ont gardée jusqu'à nos jours. Les hauts dignitaires étaient tenus de porter les costumes des anciens monarques, et les cérémonies étaient censées reproduire les activités attribuées aux rois.

D'autres tentatives d'unification du Tibet, également infructueuses, eurent lieu au cours des siècles suivants. La famille Rinpoung, qui établit son autorité à la suite de l'effondrement de l'hégémonie des Phagmodroupas, ne réussit pas à unifier le pays. Puis, au XVIe siècle, la régence des princes du Tsang ne parvint pas à triompher de son principal rival, la puissance montante des guélougpas. Cette école réussit (dans une certaine mesure) à établir sa suprématie en 1642, et réalisa alors l'idéal d'un pays sous la souveraineté d'un seul dirigeant, le Dalaï lama.

Le contraste est néanmoins frappant entre le sens qu'ont les Tibétains de leur appartenance à une communauté politique unique, et la réalisation pratique de ce sentiment d'identité. Ce serait une erreur d'imaginer que les textes-trésors aient fourni une base idéologique solide à la création d'un État centralisé. En fait, l'existence d'une structure politique unifiée et forte demeura problématique au Tibet, en dépit de l'importance de cet idéal représenté par Songtsèn Gampo et par les autres rois vertueux. Même après 1642, alors que le pouvoir du cinquième Dalaï lama paraissait bien établi, la nature de l'État tibétain ne changea guère. Le Tibet semble être resté une entité politique traditionnelle dans laquelle le gouvernement du Dalaï lama ressemblait plus à l'administration d'un vaste domaine qu'à celle d'un État. Le pouvoir du cinquième

Dalaï lama était fondé sur son charisme personnel, et non sur des structures bureaucratiques, ce qui explique pourquoi, après la découverte de sa mort (1696), le pouvoir de ses successeurs fut rapidement contesté.

Après plus d'un demi-siècle de troubles intérieurs, l'autorité du septième Dalaï lama fut rétablie en 1751, à l'instigation de la dynastie des Qing et avec l'accord apparent des élites tibétaines. Pour empêcher que les querelles intestines ne se répètent et pour stabiliser le pouvoir des Dalaï lamas, on mit en place une structure bureaucratique. Le gouvernement tibétain n'était plus une autorité de type coutumier, caractéristique d'une organisation politique « galactique » ; ce devint, plutôt, un gouvernement (en partie) stable, dominé par des préoccupations administratives de résultats et d'efficacité. Cette forme de gouvernement est typique de la sorte d'État semi-bureaucratique que devint le Tibet après 1751. Un tel État diffère du régime politique traditionnel dans la mesure où il est fondé sur un contrôle financier et judiciaire ferme. Ainsi, 1751 marqua pour le Tibet la transition d'une organisation politique traditionnelle à un État semi-bureaucratique dans lequel la centralisation tendit graduellement à augmenter ; ce qui explique pourquoi, après 1751, le pouvoir des Dalaï lamas et des autorités de Lhasa ne fut pas confronté aux fréquentes remises en question qui avaient jusqu'alors marqué la vie politique tibétaine. La tendance à la centralisation était cependant loin d'être à son terme. L'État restait caractérisé par un équilibre délicat entre les autorités politiques centralisées et les pouvoirs excentrés. Il présentait néanmoins les prémices d'un mouvement lent et inégal vers la centralisation, la règle fiscale et judiciaire se substituant petit à petit aux relations tributaires. Ce mouvement, cependant, ne fut ni continu ni uniforme ; il souffrit de nombreux contretemps et ne put jamais atteindre son but. Durant cette période, le pouvoir des autorités centrales demeura limité et fluctuant. Le Tibet central était lui-même en partie divisé, la répartition exacte du pouvoir entre le centre et de puissantes principautés, telles Sakya, restant sujette à de constantes modifications et tractations. Ce n'est qu'avec le développement du pouvoir politique du treizième Dalaï lama

(1876-1933) que le mouvement vers l'unification et la centralisation du Tibet devint effectif et (plus ou moins) continu.

La position du Tibet oriental était encore plus incertaine. En particulier, la situation dans les différentes parties des provinces du Khams et de l'Amdo semble être restée constamment fluctuante. Par exemple, la région de Nyarong, dans le Khams, paraît avoir été contrôlée tantôt par les forces du gouvernement central, tantôt par quelque chef puissant, capable d'affirmer son indépendance. L'identité de ces régions du Tibet ne saurait être déterminée sur la base de cette distribution instable du pouvoir. L'un des arguments avancés dans cet article montre que les alliances politiques, les affiliations institutionnelles et les structures administratives ne constituent pas des bases appropriées pour la discussion de l'identité des habitants des différentes parties de l'aire tibétaine. Plutôt que nous pencher sur la configuration éphémère de la distribution du pouvoir, il convient de nous intéresser aux tendances culturelles à long terme ; elles jouent, en effet, un rôle beaucoup plus important dans la détermination de l'identité des peuples. Nous devons donc examiner les représentations historiques qui inspirent leur sens de la communauté.

Guésar et le nationalisme tibétain

Quand on demande à des gens du Khams ou de l'Amdo s'ils sont *böpa* (tibétains), leur réponse est souvent négative. Cette réponse pourrait sembler catégorique de prime abord. Il convient cependant de la replacer dans son contexte : les relations difficiles entre le Tibet oriental et Lhasa, le centre autoproclamé du monde tibétain. Ces relations ne sont pas simplement des exemples classiques de la domination exercée par un centre puissant sur des groupes marginaux. Alors que le Khams et l'Amdo étaient regardés avec mépris par les gens de Lhasa, leurs habitants considéraient ces régions comme des foyers de pouvoir, ayant leurs propres desseins d'hégémonie. Cette réponse négative est donc une manière, pour les gens du Tibet oriental, d'affirmer leur indépendance vis-à-vis des autorités centrales.

Néanmoins, ces mêmes habitants du Khams et de l'Amdo se disent *böpa* (tibétains) lorsqu'ils veulent se différencier des autres groupes, chinois ou mongols. Ils se décrivent aussi comme appartenant au Pays des Neiges, une expression synonyme de *Bö* (Tibet), au sens large du mot. L'identité des populations du Tibet oriental durant ces quelques derniers siècles semble donc, à première vue, recouvrir un sentiment d'indépendance combiné à la conscience d'appartenir au Tibet, ici envisagé comme une contrée idéale, bien distincte du gouvernement des autorités centrales. Une grande partie de l'histoire de ces régions (qui reste à écrire) est faite de luttes de petites principautés, telles celles de Lingtshang, Dèrgué ou Nyarong, pour préserver leur indépendance face au gouvernement central de Lhasa. La complexité d'une telle situation s'exprime par la variété des représentations historiques qui inspirent le sentiment d'appartenir à une communauté distincte.

L'histoire du Tibet révèle l'importance d'une sorte de constellation de mythes fondateurs convergeant autour des personnages des rois vertueux, notamment de Songtsèn Gampo et de Trisong Détsèn. D'autres réminiscences, cependant, rivalisent avec ce modèle dominant auquel elles sont, en partie, opposées.

L'Épopée de Guésar fait apparaître un ensemble de représentations qui ne s'inscrivent pas directement dans cette constellation mais qui sont constitutives du sentiment d'appartenance à la communauté tibétaine. Cette épopée, essentiellement orale, raconte les prouesses guerrières et héroïques du roi mythique Guésar. Envoyé par les dieux pour délivrer les habitants du pays de Ling, il naît sous le nom de Jorou, garçon laid et méprisé. Ce dernier joue le rôle, traditionnel dans les épopées, de l'illusionniste divin qui triomphe grâce à son habileté, après avoir subi de rudes épreuves. Il prend part à une course de chevaux dont les juges sont les habitants de Ling et, à la surprise générale, il gagne ; il est alors proclamé roi Guésar (c'est-à-dire César) de Ling, et il épouse Droukmo. Suit un nombre impressionnant et indéterminé de campagnes militaires, au cours desquelles il délivre sa femme, sauve Ling de la domination étrangère, et soumet les puissants voisins. L'histoire s'achève sur le départ de Guésar pour le paradis.

L'épopée a continué à se développer jusqu'au XXe siècle, aussi est-il difficile de déterminer l'ordre et le nombre de chapitres de ce texte essentiellement oral.

Cette épopée constitue un cas intéressant pour notre étude de la mémoire collective. Guésar représente en effet un modèle de la mémoire collective différent de l'histoire des rois vertueux. Bien que l'épopée comporte nombre d'éléments bouddhiques, Guésar, à l'origine, n'est pas un héros bouddhiste ; c'est un guerrier dont la première allégeance va aux dieux-montagnes prébouddhiques, décrits comme des « dieux (protecteurs de la divine) personne ». Les dieux sont aussi censés être des divinités bouddhiques tantriques, ou les incarnations des dieux indiens Brahma et Indra. Guésar est également présenté comme l'incarnation de Padmasambhava. Ces éléments peuvent cependant avoir été ajoutés aux versions plus populaires de l'épopée. La saga contient aussi de nombreux concepts tels celui de la « force d'âme », et également des rituels appartenant à la religion prébouddhique. Ainsi, lorsque les gens de Ling demandent aux dieux de leur envoyer un représentant, ils font un rituel de fumigation dont l'origine n'est pas bouddhique, et qui implique une offrande de fumée de genévrier aux dieux de la montagne. De plus, dans certaines versions de l'épopée, le Bouddha n'est jamais mentionné ; dans d'autres, des sentiments antibouddhiques sont explicitement exprimés. Un épisode raconte que les lamas reprochent à Guésar de chasser ; en réponse, celui-ci ramène les animaux à la vie mais, au cours de l'opération, les têtes des animaux sont totalement mélangées ! Guésar demande aussi aux lamas s'ils ne mangent jamais de viande ; ceux-ci lui ayant répondu qu'ils ne mangent que la viande d'animaux déjà tués, Guésar, plaisantant, leur dit : « Assurez-vous de ne pas oublier d'attraper les animaux et de les manger quand ils sont morts. »

Il n'est donc pas surprenant que cette épopée ait été interdite dans nombre de monastères, en dépit de sa popularité parmi les laïcs tibétains.

Souvent Guésar est plus spécifiquement reconnu comme un héros du Tibet oriental. Après tout, il est le roi de Ling, une région souvent identifiée à la principauté de Lingtshang, dans le Khams. Il est surtout très populaire chez les habitants de cette province et beaucoup, parmi eux, connaissent par cœur de longs passages de l'épopée. Au cours du XIXe siècle, Guésar devint un point de mire pour le mouvement de renaissance non sectaire qui se développa autour de Kongtrul Lodrö Thayé (1813-1899), Jamyang Khyèntsé Wangpo (1820-1892) et de Jou Mipham (1846-1912). Ce mouvement, essentiellement religieux, avait aussi une dimension régionale ; il représentait l'affirmation d'une identité khampa, par opposition au gouvernement central de Lhasa. Guésar devint l'un des symboles de ce mouvement. Jamyang Khyèntsé Wangpo dirigea une édition de l'épopée, et Jou Mipham composa un cycle liturgique consacré à Guésar, protecteur courroucé.

Le héros de l'épopée est la représentation d'un modèle de la mémoire collective, définissant un sentiment d'identité parmi les Tibétains. À cet égard, nous pouvons parler d'une constellation mythique rivalisant avec celle qui s'est construite autour du thème des rois vertueux dans la constitution du sentiment identitaire. La mémoire collective est un champ de rapports de force où s'affrontent les différentes facettes d'une identité commune. Cependant, la principale question, ici, est de savoir à quel point ces modèles sont incompatibles. Que Guésar incarne jusqu'à un certain point une identité régionale n'est pas douteux ; ni le fait qu'il représente aussi un sentiment de « tibétanité » qui n'est pas expressément bouddhique (et qui est même, en partie, antibouddhique). Néanmoins, l'opposition entre le thème de Guésar et celui des rois vertueux ne devrait pas être surévaluée, et cela pour plusieurs raisons.

Tout d'abord, l'identification du pays de Guésar avec Lingtshang, qui fut mise en avant par les dignitaires religieux de cette région pour des raisons évidentes, n'est pas justifiée. Le « pays de Ling » correspond, pour une large part, au Dzambouling, le continent méridional de la cosmologie bouddhique. La légende ne concerne donc pas seulement la fondation d'une principauté obscure du Tibet oriental, mais aussi la création du monde des humains : Ling est le monde des hommes sauvés par le héros, envoyé par les dieux. Il ne représente pas simplement Lingtshang ou le Tibet oriental : il est plutôt un symbole à dimensions multiples qui représente diverses réalités, selon le temps et le lieu. Pour certaines populations du Tibet oriental, au XIXe siècle, Ling était en effet leur propre pays, victime des empiètements du gouvernement central. En d'autres régions du Tibet, ou en d'autres temps, Ling est le Tibet lui-même, le pays construit par les hauts faits des rois vertueux.

Cette multiplicité d'interprétations dont est susceptible l'Épopée de Guésar n'a rien pour nous surprendre. Elle reflète la nature équivoque des symboles culturels en général ; elle prouve aussi la nature contextuelle et relationnelle de l'identité : l'identité de l'individu aussi bien que du groupe n'est ni intrinsèque ni naturelle. Les gens ne s'identifient pas eux-mêmes dans l'isolement ; ils le font plutôt au travers de leur commerce avec autrui. Dans ce processus se construisent les représentations historiques les plus valorisées, qui expriment la complexité des transactions entre les groupes. Ainsi, une identité tibétaine commença à émerger au XIIe siècle, lorsque le bouddhisme fut bien établi dans le pays. Celle-ci s'affirma davantage lorsque les Tibétains durent faire face à la menace mongole. La référence aux rois vertueux devint alors prédominante. De même, pour ceux qui, parmi la population du Khams, se seraient naguère définis essentiellement comme Khampas, la « tibétanité » prit de l'importance après l'invasion du Tibet par la République populaire de Chine en 1950. Du fait de la menace que représentait la Chine, leur préoccupation majeure devint la défense d'un sentiment d'identité plus global, éclipsant leurs attaches régionales.

De plus, la saga de Guésar est historiquement liée au modèle mythique incarné par Songtsèn Gampo et les autres rois vertueux. Le récit semble même prendre naissance avec leur histoire. L'Épopée de Guésar étant essentiellement orale, il est difficile d'en déterminer l'origine et le déroulement ; difficulté d'autant plus grande que la saga est répandue dans toutes les parties du Tibet, au Ladakh, et parmi certaines populations turques de l'Asie centrale ; cependant, son origine se trouve probablement dans le nord-est du Tibet, et le cycle primitif apparaît à la fin du XIVe ou au début du XVe siècle.

À la même époque, et même plus tôt, on relève la mention d'un autre cycle de légendes, le *Lang Poti Sérou*, qui renferme beaucoup d'éléments que l'on trouve dans le cycle de Guésar. Le *Lang Poti Sérou* fut écrit à la gloire de la famille Lang, en particulier de son membre le plus fameux, le roi Changchoub Gyèltsèn. L'histoire est présentée comme un texte-trésor, lié au *Péma Thang Yig* (la saga de Padmasambhava). Elle raconte la dernière assemblée des disciples de Padmasambhava après la fondation du monastère de Samyé. Le saint indien prophétise alors sa propre réincarnation en la personne du saint Lang Changchoub Drékö1 ; son protecteur séculier est à nouveau le roi Trisong Détsèn, cette fois réincarné dans le roi Guésar. La présentation de Guésar en tant que réincarnation du roi Trisong Détsèn le relie au modèle des rois vertueux. Une autre prophétie, dans ce même texte, annonce le règne de Changchoub Gyèltsèn trois cents ans après ceux de Guésar et Lang Changchoub Drékö1 ; un lien est alors établi entre Guésar et Changchoub Gyèltsèn et, par là même, avec le modèle des rois vertueux. Il apparaît donc qu'à l'origine, l'Épopée de Guésar est en partie rattachée à la constellation des représentations historiques associées à certains textes-trésors tels que le *Mani Kaboum*, le *Khathang Dènga* et le *Péma Thang Yig*.

Enfin, Guésar participe encore à cette mythologie des rois vertueux dans la mesure où il représente l'affirmation du pouvoir d'un roi tibétain. Dans l'un des plus importants chapitres, on voit Guésar combattre les habitants voisins de Hor qui ont enlevé la reine Droukmo et menacent de s'emparer de Ling. Plus loin, on trouve l'épisode des « Dix-huit grands châteaux », dans lequel Guésar conquiert les châteaux de dix-huit contrées, telles que le Cachemire, l'Iran, Xining et le Yunnan. Ces chapitres montrent que l'Épopée de Guésar participe de la mythologie semi-historique des rois vertueux, défenseurs du pays et artisans des conquêtes. L'histoire des dix-huit châteaux peut se lire comme une liste des conquêtes faites par les Tibétains sous l'Empire. Ainsi, en dépit des interprétations régionales, la protection de Ling est comprise par les Tibétains comme une défense de leur communauté.

La thèse selon laquelle le mythe vénéré de Guésar tiendrait plus de celui des rois vertueux qu'il ne s'y opposerait, peut tirer argument des événements récents. Il y a peu, Guésar a été effectivement remis à l'honneur, au Tibet, par les autorités de la Chine populaire.

La population a été incitée à s'instruire à son sujet, à réciter ses exploits, à afficher ses images, etc. On a constaté un intérêt croissant des tibétologues chinois pour les études consacrées au héros de l'épopée. La raison de cette promotion, qui pourrait surprendre, est que le personnage de Guésar représente un modèle définissant un sentiment communautaire qui, d'une part, n'est pas bouddhique et qui, d'autre part, est en partie régional. Il n'est guère étonnant que les autorités de la République populaire de Chine aient tenté d'utiliser à leur profit les représentations populaires liées à Guésar, dans le but d'affaiblir l'aspect bouddhique du nationalisme tibétain, ainsi que pour diviser les Tibétains selon des critères régionaux. Ils espéraient qu'en développant leur connaissance de l'épopée, les Tibétains perdraient leur sentiment d'appartenance à une contrée bouddhique distincte, et se considéreraient alors comme une minorité ethnique parmi d'autres, à l'intérieur de la République populaire de Chine.

Cette tentative connut un grand « succès » dans la mesure où les Tibétains ont manifesté pour leur héros Guésar un intérêt plus passionné encore qu'auparavant. Mais loin d'amoindrir leur sentiment identitaire, l'histoire de Guésar semble le renforcer. Le mythe sert alors la résistance aux autorités qui l'avaient pourtant promu.

Des stratégies de cooptation de ce genre ne sont pas inhabituelles en tant qu'expression d'une résistance chez des groupes opprimés et réduits à l'impuissance. Ne disposant d'aucune tribune pour donner libre cours à leurs griefs, les Tibétains sont contraints d'utiliser les éléments du discours officiel pour exprimer leur désaccord et leur opposition ; c'est ainsi qu'ont procédé de jeunes moines et nonnes en faisant usage de la rhétorique chinoise lors de leur révolte contre les autorités de Pékin en 1987-1988.

Il existe encore un autre élément dans la représentation de Guésar. Ce n'est pas tant en effet que les Tibétains manipulent l'épopée dans l'intention d'ébranler le discours des Chinois ; c'est le récit lui-même qui suggère cet usage. Parce que l'épopée présente les aventures de Guésar comme une affirmation et une défense de l'empire d'abord bâti par les premiers rois, elle puise sa source dans la même mythologie qu'incarnent aussi les rois vertueux. La défense de Ling devient alors la défense du Tibet. Un événement récent survenu dans la province de l'Amdo illustre l'usage nationaliste que les Tibétains font de la saga de Guésar dans leur confrontation avec la République populaire de Chine. Une nouvelle secte religieuse, les « Héros de Ling » s'est créée en 1981. Son chef, Sönam Phuntsok, prétendit être une réincarnation de Guésar et initia plusieurs personnes à un rituel leur permettant d'être possédées et de faire des prophéties. Les autorités de la Chine populaire, craignant que le phénomène ne s'étende, interdirent la secte, accusant ses membres de faire allusion à l'« influence nuisible de la Chine » et aussi aux « divinités malfaisantes de forces occultes ». De cette manière « ils incitaient ouvertement à la rébellion... et essayaient de détruire l'amitié entre les nationalités ».

Le caractère populaire de l'identité collective

Il faut aborder maintenant une dernière question relative à la nature du sentiment d'identité collective développé par les Tibétains. Certains phénomènes culturels, tels que les textes-trésors, l'expriment à la fois sur le plan religieux et sur le plan politique. Les représentations historiques qui, dans ces écrits, sont le plus valorisées, témoignent du sentiment d'appartenance nationale, sentiment qui s'est développé lors de la réintroduction du bouddhisme. Cela soulève une question naturelle mais difficile à résoudre : quelle était l'ampleur de ce sentiment ? Ou, pour la formuler en termes de mémoire, qui se souvenait de quoi ?

Cette question concerne la diffusion sociale du sentiment d'appartenance à une communauté politique parmi les Tibétains prémodernes. Elle doit être prise en considération, car la caractéristique d'un tel sentiment est habituellement d'être de nature populaire. Le sentiment d'identité défini dans les textes-trésors est-il exclusivement un instrument de légitimation au service des prétentions hégémoniques des élites aristocratiques ou monastiques, ou bien se manifeste-t-il aussi « à la base » ?

Comme dans d'autres cas qui relèvent de l'histoire populaire, il est difficile de répondre à une telle question. Les récits sont écrits par des membres des élites, destinés aux élites, et ils portent sur les élites ; ils ne reflètent pas le vécu des petites gens. Dans le cas du Tibet, la recherche historique n'en est qu'à ses débuts, et ses acquis restent très lacunaires. En particulier, l'absence d'une histoire sociale satisfaisante constitue un énorme handicap, et tout discours sur la vie du peuple serait tout bonnement hasardeux. Néanmoins, la nature de la découverte des « trésors » nous donne de précieuses indications qui nous permettent de former une hypothèse quant à l'ampleur du sentiment d'identité collective dans le peuple du Tibet médiéval.

La nature populaire des textes-trésors se reflète dans le rôle joué par l'école ancienne du bouddhisme tibétain, une école qui, dans l'histoire du Tibet, a occupé une place à certains égards marginale. De fait, si les textes-trésors avaient davantage bénéficié de l'appui officiel, la tradition nyingmapa en aurait probablement fait moins usage comme moyen de légitimation. La découverte d'un texte caché n'est certes pas un moyen de légitimation des plus puissants. Cette faiblesse relative est illustrée au Tibet par l'existence d'une tradition d'historiens critiques qui ont rejeté ces textes sous le prétexte qu'ils avaient été composés sans fondement historique aucun.

Cette nature populaire de la tradition nyingmapa est démontrée tant par la prédominance de l'élément laïc que par la relative faiblesse de l'élément monastique qui, tout au long de l'histoire du bouddhisme, a eu besoin d'un soutien officiel pour se développer. Quoique les maîtres nyingmapas aient développé leur propre tradition monastique, beaucoup d'entre eux se sont mariés ; et les pratiquants nyingmapas se sont comportés comme des prêtres tantriques, menant la vie quotidienne des villageois.

De plus, contrairement aux maîtres d'autres écoles, ceux de l'école ancienne exercèrent un pouvoir séculier très limité ; ils avaient tendance à rester en dehors des disputes sectaires. Cela montre bien le caractère diffus et populaire d'une tradition qui a été souvent attaquée, mais qui a réussi à se maintenir par la force du soutien qu'elle recevait du peuple, et par la sainteté de ses grands représentants.

Le caractère populaire du mouvement auquel ont donné lieu les textes-trésors peut être déduit de sa diffusion au Tibet par des bardes ambulants. Le nom de ces derniers, *lama manipa*, provient du fameux mantra d'Avalokiteshvara, *om mani pémé houm.* Ces bardes erraient de village en village, chantant d'édifiantes histoires tout en en montrant des épisodes illustrés sur des rouleaux. Leur répertoire contenait des contes bouddhiques classiques, tels que les célèbres « histoires de la naissance » du Bouddha, aussi bien que des récits plus spécifiquement tibétains souvent tirés du *Mani Kaboum.* L'un d'eux, par exemple, commémore Songtsèn Gampo et son mariage avec les deux princesses. Tout cela contribue à nourrir le sentiment d'appartenance à un pays bouddhique unifié jadis sous de grands rois.

Ces bardes ambulants étaient des pratiquants typiques de la religion populaire, des personnages marginaux qui répandaient le sentiment d'identité collective discuté dans cet essai. Ils le firent en dépit de leur position marginale et de la suspicion qui les entourait de la part des autorités. Le code légal du Bhoutan de 1729 exprime un point de vue officiel sur ces bardes : « Hormis la diffusion dans les communautés locales de ces préceptes spirituels qui relèvent du savoir, les devins, astrologues, sorciers, faux moines et guérisseurs qui trompent autrui en chantant tout ce qui leur vient à l'esprit, doivent être interdits. Il n'est pas permis de verser une contribution, quelle qu'elle soit, à ces diverses sortes de bardes *(manipa)* à l'exception des offrandes pieuses[4]. »

Ces injonctions visaient à restreindre les activités de personnages marginaux. Les bardes ambulants étaient tenus pour virtuellement subversifs, étrangers à tout contrôle officiel. Quoiqu'on ne puisse tirer de cette source bhoutanaise des conclusions relatives à une période plus ancienne de l'histoire du Tibet, elle donne à penser que les bardes ont représenté un facteur de diffusion

4. M. Aris, *Bhutan*, Aris and Philips Ltd., 1979, Warminster, Grande-Bretagne, p. 146. L'utilisation de données obtenues au Bhoutan pour illustrer un point particulier du Tibet peut se justifier. En dehors de la rareté des données disponibles au Tibet, la situation du Bhoutan semble offrir d'intéressants parallèles avec le Tibet en ce qui concerne le développement d'un fort sentiment de communauté durant la période prémoderne. C'est pourquoi l'exemple du lama manipa, qui a expliqué et a diffusé parmi les populations certains récits et symboles qui ont formé l'identité bhoutanaise, est pertinent ici.

populaire des idées à l'intérieur du monde culturel tibétain. Les récits fondateurs de l'identité collective transmis par ces pratiquants marginaux n'étaient pas réservés à quelques cercles de l'élite ; ils avaient une large diffusion populaire.

Les textes-trésors n'étaient pas seulement le produit de visions subjectives. Ils étaient aussi celui de réminiscences populaires, incorporées peu à peu dans des récits plus consistants, dont s'emparèrent les élites aristocratiques et monastiques. Ils devinrent alors des facteurs déterminants dans les luttes pour le pouvoir que menèrent ces élites, et qui ont marqué cette époque troublée de l'histoire du Tibet. Ces écrits jouèrent un rôle dans les rivalités entre les familles telles celle des Sakyapas ou des Phagmodroupas, et les institutions monastiques telles que les drigoungpas ou l'ordre *karmapa.*

Nationalisme et mémoire

Il y a fort peu de doute, dans le développement du nationalisme au Tibet, sur la position centrale de la référence aux rois vertueux qui se trouve dans les textes-trésors. Ces récits fournissent des modèles autour desquels est imaginée une communauté politique. Leur pouvoir particulier tient à leur présence vivante dans la conscience des Tibétains. Ainsi, Songtsèn Gampo n'est-il pas simplement un personnage historique ; il vit dans l'esprit des Tibétains qui sont conscients de sa présence en leur for intérieur. D'une certaine manière, ce monarque appartient plus au présent des Tibétains qu'à leur passé.

Comme dans d'autres réminiscences, un sentiment de nostalgie est lié au souvenir de Songtsèn Gampo, nostalgie inhérente au fait d'imaginer une communauté. Imaginer une communauté privilégie certains souvenirs autour desquels celle-ci est perçue. Une telle position est rétrospective, et exprime une surestimation nostalgique des événements passés qui, dans le Tibet du XIIIe siècle, était particulièrement pressante. Elle correspondait à un sentiment profond de crise, né tant du chaos politique que de l'émergence d'une nouvelle culture. De nombreux trésors furent découverts durant cette période. Le pays était divisé et menacé par la domination étrangère des Mongols. Se remémorer les rois vertueux était une réponse à cette situation difficile, la réaffirmation d'un ordre immuable face à la situation confuse du moment ; une réponse qui aidait aussi à surmonter le désespoir né de la perception de dégénérescence propre au temps présent.

Comme souvent en cas de menace de conquête militaire et de domination étrangère, il y a un certain millénarisme attaché au personnage de Songtsèn Gampo et des autres rois. Ceux-ci représentent l'espoir du retour à une situation idéale dans laquelle le Tibet ne serait plus dépendant de puissants voisins et pourrait affirmer son propre caractère. Un tel millénarisme continue à jouer un rôle dans l'histoire du pays. Il est réapparu, par exemple, à la fin des années 60, durant la Révolution culturelle, dans un mouvement populaire de résistance à l'occupation chinoise. La figure de Songtsèn Gampo devint alors le symbole de la résistance à la destruction du Tibet. Ceux qui participèrent à ce mouvement portaient les costumes des anciens rois ; ils étaient possédés par les divinités associées à ces derniers, etc. On rapporte que des incidents similaires se sont produits encore plus récemment. Ainsi, en juillet 1992, une femme fut arrêtée sous le prétexte qu'elle était possédée, près du monastère de Néchoung, à proximité de Lhasa, par l'esprit de la déesse Lhamo.

Toutefois, la mémoire de Songtsèn Gampo n'est pas seulement l'expression d'un tel millénarisme. Elle représente aussi un sentiment d'identité beaucoup plus durable qui peut se manifester dans d'autres sortes de mouvements. Par exemple, si le millénarisme a joué un rôle minime dans les révoltes récentes contre l'autorité chinoise à Lhasa, le mouvement pour libérer le Tibet de la domination étrangère se présente, en revanche, comme une tentative rationnelle pour défendre le pays à partir de principes démocratiques. Il se réclame des critères internationaux des droits de l'homme aussi bien que de la rhétorique démocratique de la propagande chinoise.

Cependant, ce n'est pas un hasard si ce mouvement se manifeste particulièrement autour du temple central de Lhasa. Ce temple a été étroitement associé à la personne de Songtsèn Gampo tout au long de l'histoire du Tibet ; il reste le centre symbolique du monde tibétain. Ainsi, quand de jeunes moines et nonnes encerclent cet édifice religieux pour protester contre la domination chinoise, cette action a-t-elle une portée éminemment symbolique.

La référence à Songtsèn Gampo donne la force d'agir aux membres de la communauté. C'est parce qu'ils se remémorent ce grand monarque que les Tibétains s'identifient comme tels, c'est-à-dire comme les habitants d'un royaume jadis puissant, gouverné par ce roi. Ce sentiment d'identification crée les conditions qui permettent aux Tibétains d'exercer une action, non pas seulement en tant qu'individus, mais comme membres d'une communauté. En commémorant Songtsèn Gampo, les Tibétains peuvent déterminer leur but collectif et œuvrer en conséquence. Ce n'est que lorsque les gens reconnaissent, à travers la référence à une histoire commune, leur appartenance à une certaine communauté qu'ils peuvent commencer à agir ensemble.

Tout comme d'autres représentations historiques, celle de Songtsèn Gampo n'est pas simplement un rappel d'une figure du passé. Le souvenir n'est pas, comme le décrivent souvent les épistémologues, une répétition mécanique du passé dans l'esprit ; c'est plutôt une recréation active au présent. Dans notre cas, la mémoire du grand monarque participe de la construction active d'une identité nationale par une communauté opprimée.

Enfin, la mémoire est aussi un acte d'oubli. C'est parce que les Tibétains ont oublié qui était en fait Songtsèn Gampo qu'ils peuvent imaginer une communauté autour du personnage de ce roi. Depuis le XIIe ou le XIIIe siècle, le Tibet a été un pays se déterminant par rapport au bouddhisme. Même les communautés bönpos, qui se définissent en opposition à la religion bouddhique dominante, ont adopté les vues et les pratiques qui caractérisent le bouddhisme au Tibet. Il est donc impensable, pour les Tibétains, d'imaginer leur communauté à partir d'une figure non bouddhiste. Songtsèn Gampo est, par conséquent, commémoré comme un roi vertueux bouddhiste.

Les chroniques anciennes ne présentent pas ce roi comme un bouddhiste, mais plutôt comme un personnage impliqué dans la religion tibétaine traditionnelle, dans laquelle le culte de divinités associées à l'institution de la royauté paraît avoir joué un rôle important. Ainsi, en réponse au serment de loyauté d'un vassal important, le roi promit de sacrifier cent chevaux sur la tombe de ce dernier, ce qui ne peut guère passer pour une conduite bouddhiste. Bien que Songtsèn Gampo soit crédité de l'introduction du bouddhisme au Tibet, son rôle semble avoir été très limité, et ce n'est que sous le règne de Trisong Détsèn que le bouddhisme devint religion d'État. Cependant, ces faits sont ignorés et même refoulés dans le mythe qui présente Songtsèn Gampo comme un roi bouddhiste. Seul un tel monarque pouvait servir de point de mire pour cette société presque entièrement bouddhique qu'était devenu le Tibet au XIIIe siècle. Oublier la réalité non bouddhique est une condition préalable à l'utilisation de Songtsèn Gampo comme pivot autour duquel la communauté peut s'identifier comme cette communauté identique à elle-même qu'elle s'imagine être.

Cette idée du groupe d'être resté fondamentalement le même est à la base du phénomène d'identité collective. Ce sentiment d'identité, qui n'exprime pas nécessairement une réalité historique, est requis pour le développement d'une conscience de groupe. Alors que l'histoire enregistre le changement, la mémoire collective insiste sur la continuité qui permet au groupe de déclarer qu'il est resté identique à lui-même. C'est parce que les Tibétains se souviennent d'eux-mêmes comme des habitants du pays de Songtsèn Gampo qu'ils ont le sentiment de former une communauté distincte, ce qui leur permet d'agir comme une collectivité unie plutôt que comme un rassemblement d'individus.

L'identité collective n'est pas donnée naturellement ; c'est une construction transactionnelle autour de certaines représentations dont le rôle est de faire ressortir le caractère communautaire qui est ainsi affirmé. La mémoire collective tend à mettre l'accent sur les similitudes existant entre les membres de la société rassemblés dans le processus du souvenir. La mémoire collective est le groupe vu de l'intérieur. Elle fournit un autoportrait qui se déploie à travers le temps et permet à la collectivité de se reconnaître à travers les changements. Cette reconnaissance nécessite la persistance de quelques éléments culturels. Ainsi, les communautés humaines peuvent-elles se persuader qu'elles sont restées fondamentalement les mêmes tant qu'elles peuvent mettre en évidence la constance d'un élément commun. Dans les cultures telles que la culture tibétaine, où existait un fort sentiment prémoderne d'identité collective, ce dernier pouvait servir à bâtir un sentiment de collectivité nationale.

Cette continuité est illustrée par la recréation répétée, sinon des institutions, du moins des structures du pouvoir, associées à l'idéologie de l'identité collective décrite ici. Avant 1642, la vie politique au Tibet était dominée par les vains efforts que déployaient les factions rivales pour assurer leur suprématie, en recourant à la rhétorique de l'identité tibétaine. Après 1642, l'institution du pouvoir des Dalaï lamas, qui sont censés représenter directement Avalokiteshvara et se projettent comme les héritiers de Songtsèn Gampo et des autres rois vertueux, a dominé la vie politique tibétaine.

Le succès relatif de cette institution ne s'explique qu'à la lumière de la force du sentiment d'identité collective qui régnait chez les Tibétains longtemps avant son établissement. Il n'est guère surprenant que, dans une société dont l'identité est centrée sur Avalokiteshvara, Songtsèn Gampo et les autres rois vertueux, l'unité du pays ne puisse être établie que par les Dalaï lamas dont la légitimité provient de leur étroite relation avec la figure mythique du bodhisattva et de ces mêmes rois. Actuellement, l'importance du Dalaï lama est même plus grande qu'elle ne l'a jamais été. Lorsque la Chine envahit le Tibet en 1950, le jeune quatorzième Dalaï lama fut propulsé à la tête du pays. Qui d'autre qu'Avalokiteshvara-Songtsèn Gampo pouvait diriger le Tibet en une période critique ? Depuis lors, il incarne la légitimité du Tibet aux yeux des Tibétains. Le modèle défini par le *Mani Kaboum* à travers la figure d'Avalokiteshvara-Songtsèn Gampo détermine encore le sentiment contemporain d'identité tibétaine.

Mémoire et persistance des récits

Cet article tente de s'opposer à une vue trop simpliste du nationalisme présenté comme un épiphénomène irrationnel de la modernité, apparu à l'Ouest et contaminant peu à peu d'autres parties du monde. Mais il convient de ne pas tomber dans l'autre extrême, qui serait de décrire le nationalisme comme prenant nécessairement ses racines dans les formes traditionnelles de l'identité collective. Celles-ci ne sont pas universelles, et ce n'est que dans certaines sociétés qu'elles présentent quelque degré de continuité avec le nationalisme moderne. À cet égard, le contraste entre le Tibet et le Népal est tout à fait révélateur. Alors que nous avons ici, dans une même aire géographique, deux sociétés qui partagent de nombreux éléments d'ordre culturel, le développement du nationalisme dans chacune de ces deux cultures est profondément différent.

La première conclusion que nous devons formuler ici est qu'il convient d'adopter une salutaire méfiance envers les concepts universalisants. Nous ne devons pas être abusés par l'usage d'un terme unique en croyant avoir affaire à un phénomène définissable dans son essence, et appelé « nationalisme ». Le nationalisme est un concept pluriel qui a des significations différentes selon le contexte dans lequel il est utilisé. Il y a presque autant de types de nationalisme que de cultures.

Cet article est, cependant, plus qu'une interrogation salutaire sur l'essentialisme. Bien que l'exemple du sentiment national tibétain ne soit pas plus universel que celui de n'importe quel autre pays, il montre clairement les limitations de l'idée du nationalisme comme invention moderne et sans racine. Ce modèle impliquerait que le nationalisme serait une folie passagère, une aspiration irrationnelle à la solidarité à une époque où les forces du capitalisme détruisent inévitablement les communautés. Or, cette théorie pèche gravement en ce qu'elle ne rend guère intelligible la persistance du nationalisme, qui est incontestablement une tendance dominante de la fin de ce siècle. Ce modèle impliquerait également que la force du nationalisme diminue avec le développement du capitalisme, pour donner lieu à une attitude plus éclairée. La réalité est cependant toute différente, et le nationalisme semble se renforcer dans bien des parties du monde. On ne peut que s'étonner de la persistance, parmi les intellectuels, d'une vision du nationalisme dont on a eu que trop d'occasions de voir qu'il ne conduisait qu'au désarroi et à la déception.

Certes, les partisans de la théorie du nationalisme comme invention de tradition, n'adhèrent pas nécessairement à l'idée libérale du progrès et de l'essor graduel des Lumières. Ils sont en position d'affirmer que leur modèle n'est pas eschatologique mais qu'il est ironique, c'est-à-dire qu'il ne prédit pas forcément le déclin ou le triomphe du nationalisme, mais qu'il souligne seulement l'absurdité du phénomène en le décrivant comme un sous-produit du développement des forces du marché. Mais c'est précisément cette vision ironique du nationalisme que nous devons mettre en doute, dans la mesure où elle donne une idée irréaliste de la culture.

C'est ici que l'exemple du Tibet peut être utile ; il révèle que, loin d'être une invention sans racine ou une élévation irrationnelle de phénomènes contingents au rang de mythes fondateurs, le nationalisme correspond à un besoin profondément ancré d'identité collective. Les gens ne vivent pas seulement comme des individus isolés, mais aussi comme des membres de communautés dont l'existence doit être préservée afin que chacun continue à trouver un sens à sa vie. La destruction du peuple tibétain par les autorités communistes chinoises montre ce que perd un peuple lorsqu'il ne peut plus assumer ses références mythico-historiques. De plus, bien que la question de l'identité collective soit particulièrement liée à la modernité, cet exemple montre qu'il ne s'agit pas seulement d'un phénomène moderne : des sociétés traditionnelles ont développé des identités collectives fondatrices d'actions communautaires qui préfigurent le nationalisme moderne.

Ou, comme le dit Benedict Anderson[5], si les nations sont des communautés inventées, l'exemple du Tibet nous fait comprendre que ce processus d'invention n'est pas proprement moderne. Le nationalisme n'est donc pas un élément irrationnel passager, mais un trait durable des communautés luttant pour trouver leur identité - une lutte qui ne peut que s'intensifier dans le contexte moderne d'une mondialisation croissante. Ces communautés, en construisant leur identité, utilisent les ressources qui se trouvent dans leurs traditions pour développer un certain sentiment de

5. B. Anderson, *L'Imaginaire national* (*Imagined Communities*, New York, Verso, 1983, trad. de l'anglais par P. E. Dauzat), Paris, La Découverte, 1996.

spécificité et d'appartenance. Ce recours à la tradition peut être parfois novateur, mais il peut aussi reposer sur un élément de continuité fourni par certains récits. Donc, plutôt que d'essayer de combattre le nationalisme, ce qui semble être un simple vœu pieux, nous devons reconnaître ce besoin d'identité et concentrer notre attention sur la nature des éléments culturels qui sont utilisés dans le développement de l'identité collective. Au lieu de rejeter massivement le nationalisme, nous devons être attentifs au genre de communauté qui est imaginée, de telle sorte que l'on puisse affaiblir et saper les formes destructrices qu'il prend bien souvent.

Article traduit de l'anglais par Véronique Martin et revu par Katia Buffetrille.

Georges Dreyfus

Le Bön, l'autre religion

Per Kvaerne

Terre de croyances, le Tibet s'impose comme l'un des centres les plus importants du bouddhisme. Cependant, depuis des siècles, cette religion cohabite avec une autre, méconnue, ou mal comprise des Occidentaux : le Bön. Venue du fond des âges et des mythes, cette religion s'est progressivement diffusée dans tout le pays.

Les deux religions du Tibet

Le Tibet est connu à travers le monde comme le foyer d'une des grandes civilisations bouddhiques de l'Asie. Après son introduction au Tibet, aux VIIe-VIIIe siècles ap. J.-C., le bouddhisme ne tarda pas à devenir la religion des rois et d'une partie importante de l'aristocratie. Bien que les influences chinoises ne fussent pas entièrement absentes, c'était surtout vers l'Inde (en incluant le Cachemire et la vallée de Katmandou) que les Tibétains se tournèrent pour obtenir les écritures sacrées de la nouvelle religion ainsi que ses traditions philosophiques et artistiques. La vie monastique fut également organisée selon le modèle des grands centres monastiques indiens.

Avec ses nombreux lieux de pèlerinage liés à la vie du Bouddha Shakyamouni, l'Inde s'est vite présentée à l'esprit des Tibétains comme la terre sacrée de la religion. Elle l'est restée même après la conquête du nord du pays par les armées musulmanes, aux XIIe-XIIIe siècles, invasion qui eut pour conséquence la disparition du bouddhisme de sa terre d'origine, et la suspension quasi totale des contacts culturels et religieux entre le Tibet et l'Inde.

Cependant, il existe depuis des siècles, parmi les Tibétains, une minorité qui ne considère pas l'Inde comme la source de sa tradition religieuse. À partir du Xe ou du XIe siècle, le Tibet a connu deux traditions religieuses qui coexistent toujours, le bouddhisme et une religion appelée, au Tibet comme en Occident, par son nom tibétain, Bön.

Une terminologie brouillée

Toutefois, la terminologie devient plus compliquée du fait que les chercheurs occidentaux ont adopté ce terme - Bön - avec l'adjectif correspondant, *bönpo*, pour désigner trois phénomènes religieux distincts : non seulement cette religion plus ou moins organisée, mais également la religion ancienne qui existait au Tibet avant le bouddhisme, et qui fut supprimée par ce dernier ; et enfin toute croyance ou pratique dans la religion populaire ancienne ou contemporaine qui n'est manifestement pas bouddhique. Donc, en Occident, le terme « Bön » revêt trois significations. Il désigne tout d'abord la religion prébouddhique, qui jouissait d'une position privilégiée à la cour royale et qui fut peu à peu supprimée, ou en tout cas supplantée par le bouddhisme aux VIIIe et IXe siècles. Cette religion, qu'on ne peut reconstruire que partiellement à partir des documents anciens, semble avoir mis le roi au centre du culte public, en tant que souverain semi-divin doué de pouvoirs magiques. Des rites compliqués étaient accomplis par des prêtres nommés bönpos. Il est possible que l'ensemble de leur doctrine ait également été connue sous le nom de Bön, ce que contestent certains chercheurs.

Il est important de noter que la tradition tibétaine postérieure, à prédominance bouddhique, a eu recours à ce terme pour désigner la religion ancienne. De toute manière, les croyances des prêtres bönpos étaient bien distinctes, même opposées à celles des bouddhistes. Les rites accomplis par ces prêtres visaient surtout à conduire l'âme d'un défunt à une terre *post mortem*. Les sacrifices d'animaux, et même d'humains, y jouaient un grand rôle. Les animaux immolés - le plus souvent, des yacks, des chevaux ou des moutons - servaient de guides et de montures au mort. Des offrandes de nourriture, boisson et objets précieux lui étaient faites ; et même, dans le cas des funérailles royales, des serviteurs et des ministres accompagnaient le défunt. Les rites avaient un double but : d'une part, assurer le bonheur du mort dans l'au-delà ; d'autre part, obtenir son influence bienfaisante pour assurer la prospérité et la fécondité des vivants.

« Bön » réfère également à une religion plus ou moins organisée qui apparaît au Tibet aux Xe-XIe siècles. À la même époque, le bouddhisme, après une période de décadence, connaissait un nouvel essor et se répandait à nouveau à partir de l'Inde pour devenir, assez rapidement, la foi dominante. Jusqu'à aujourd'hui, le Bön a continué d'exister comme religion minoritaire. Elle est très proche du bouddhisme sur le plan philosophique ou celui des rituels et des pratiques méditatives, au point que certains chercheurs lui ont refusé son caractère de religion distincte pour la décrire comme une forme de bouddhisme hétérodoxe. Le fait que les adeptes de cette religion, les bönpos, ont toujours maintenu que le Bön était antérieur au bouddhisme a souvent été ignoré ou même contredit par les chercheurs occidentaux. Cependant, les bouddhistes aussi voient dans le Bön une religion bien distincte. Ceci, nous allons le voir, est tout à fait justifié si l'on met l'accent sur la conception des origines doctrinales, sur la légitimation de la tradition spirituelle, et sur la représentation de l'histoire chez les bönpos, plutôt que sur les rituels, la philosophie et la vie monastique.

Enfin, « Bön » est assez fréquemment employé pour désigner toutes les croyances populaires, souvent mal définies, qui ne sont manifestement pas d'origine bouddhique, et que l'on trouve chez les bouddhistes comme chez les bönpos. Ces croyances comprennent certaines techniques de divination, le culte des divinités locales ainsi que des concepts concernant l'âme. Toutes ces notions n'appartiennent, en totalité, ni au bouddhisme ni au Bön, et il est préférable d'y faire allusion par l'expression proposée par R. A. Stein, à savoir la « religion sans nom ».

Bien qu'il faille distinguer entre les trois sens de ce terme unique, il faut aussi se rendre compte que les lignes de démarcation sont moins nettes qu'on pourrait le penser. Il est certain, par exemple, que beaucoup d'éléments de la religion ancienne ont survécu dans le Bön postérieur, et que le bouddhisme et le Bön ont, tous deux, intégré et légitimé une grande partie de la religion populaire « sans nom », qui n'a point, dans l'esprit des Tibétains, d'existence ou même de nom indépendant.

Une tradition méconnue

L'idée qu'on s'est faite en Occident de la religion bönpo a longtemps été faussée par les préjugés, ou tout simplement par l'ignorance. Les termes « animisme » et « chamanisme » ont été très souvent utilisés pour caractériser le Bön, soit dans son acception de « religion ancienne, prébouddhique, du Tibet », soit dans sa forme postérieure organisée. De plus, ce sont les Occidentaux, et non pas les Tibétains, qui ont l'habitude d'appeler la religion populaire « Bön ». Il faut noter cependant qu'on ne trouve ni croyances « animistes », ni pratiques « chamaniques » dans les deux premières formes de Bön qui viennent d'être évoquées, tandis que ces phénomènes sont présents dans la troisième, « la religion sans nom ». En effet, l'idée si tenace selon laquelle la religion la plus ancienne du Tibet serait « animiste » et « chamaniste », donc « primitive » est le reflet d'un évolutionnisme qui a été abandonné, il y a longtemps, par les sciences religieuses sérieuses, mais qui est encore bien vivant chez le grand public.

Une autre vision, non moins erronée, est celle qui fait du Bön une sorte de bouddhisme perverti, un contre-courant en marge de la société tibétaine. Cette religion néfaste aurait copié, sans honte, beaucoup d'éléments du bouddhisme, le plus souvent en les déformant. Cependant, cette interprétation du Bön n'est pas fondée sur une connaissance de première main, mais sur certains écrits polémiques dus aux auteurs tibétains bouddhistes qui se servaient d'une rhétorique péjorative plus ou moins stéréotypée. C'est à partir des années 60, seulement, que des bases ont été établies pour une meilleure compréhension du Bön, grâce surtout aux travaux du professeur anglais David Snellgrove.

Comme nous l'avons déjà signalé, un fidèle du Bön s'appelle un bönpo, « celui qui suit ou qui s'attache au Bön ». Pour un bönpo, Bön signifie « la vérité et la réalité en soi », ou bien « la doctrine éternelle par laquelle sont exprimées la vérité et la réalité ». En d'autres termes, le mot « Bön » a la même signification pour les bönpos que celle que revêt le terme *dharma* pour les bouddhistes.

Une religion universelle

Bien que le Bön n'ait guère été répandu hors des frontières tibétaines (à l'exception des bönpos qui se sont réfugiés en Inde, il n'y en a pas en dehors du Tibet, sauf dans quelques villages au nord du Népal), les bönpos considèrent que leur religion possède une validité universelle. En principe, le Bön n'est pas, comme par exemple le shinto au Japon, une religion « ethnique ».

Conformément à cette conviction, les bönpos prétendent que leur religion était répandue jadis dans plusieurs pays du monde, y compris l'Inde, l'Iran et la Chine, avant d'atteindre le Tibet. Selon l'optique historique de ses adeptes, le Bön a été introduit au Tibet à partir d'un pays situé à ses frontières occidentales, appelé Zhang-zhung. La religion y prospérait sous la protection des rois. Ces derniers étaient justes et sages et, grâce aux rites accomplis par les prêtres bönpos, le royaume et ses habitants vivaient dans le bonheur. Longtemps après, le Bön se répandit au Tibet, propagé par des prêtres et des thaumaturges, et les rois tibétains devinrent, eux aussi, les patrons du Bön.

Selon les bönpos, cette situation dura jusqu'à la conquête du Zhang-zhung, au VIIe siècle ap. J.-C., par les armées de l'Empire tibétain dont le cœur était le Tibet central actuel. Il est sûr que, même si les sources historiques fiables sont peu nombreuses, et l'identité culturelle et ethnique du Zhang-zhung loin d'être claire, l'existence de ce pays ne fait pas de doute, ni sa conquête par le

Tibet. Peu à peu, cette civilisation ancienne et mystérieuse fut assimilée par le Tibet, pour disparaître enfin, presque entièrement oubliée par tous, sauf par les bönpos.

Les origines mythiques du Bön

Cependant, le lieu d'origine du Bön n'est pas le Zhang-zhung mais se trouve, selon les traditions des bönpos, plus à l'ouest. Celles-ci disent que le Bön éternel a été propagé pour la première fois dans un pays qu'elles appellent Tazik. Bien que ce nom rappelle la désignation ethnique « Tajik », en Asie centrale, on n'a pas réussi à localiser cette terre sacrée du Bön. En effet, Tazik n'est pas un pays comme les autres : il revêt plutôt le caractère d'un paradis que les humains ne peuvent gagner que lors de visions, ou par d'autres moyens surnaturels.

Pour les bönpos, le Tazik est la terre sacrée de la religion, le pays où l'« Être éveillé de ce monde », Tönpa Shènrap, le « maître Shènrap », naquit parmi les hommes. Né dans la famille royale, il devint à son tour le roi du Tazik. Les bönpos possèdent une littérature volumineuse où sont décrits ses faits et gestes, ses enseignements et les rites qu'il accomplit. Contrairement à ce qu'on pourrait attendre, sa biographie n'est pas fondée sur celle du Bouddha Shakyamouni. Ainsi, durant la plus grande partie de sa vie, il fut le souverain du Tazik, donc un laïc. Il eut de nombreuses épouses et, par conséquent, une abondante descendance ; sa famille, surtout ses fils, l'aidèrent à propager la doctrine, et à convertir les êtres. De sa capitale, il se rendit dans les pays voisins, entouré par sa cour, pour convertir les grands pécheurs. Il exécuta des rituels qui, aujourd'hui encore, servent de modèles aux bönpos au Tibet. Ces rituels trouvent donc leur justification et leur légitimité dans les gestes du Maître éveillé lui-même, ce qui n'est pas le cas dans le bouddhisme. Le maître Shènrap construisit un grand nombre de temples et de *stupas*, ce qui eut un effet salutaire pour tous les êtres. Mais on ne parle nulle part, dans sa biographie, de monastères. Doit-on en conclure qu'ils étaient inconnus au Tibet à l'époque où fut composée la première version de sa biographie ?

Cette biographie a une particularité qui ne trouve aucun parallèle bouddhique : le rôle joué par le prince des démons, l'adversaire obstiné du maître Shènrap. Le Démon essaie, par d'innombrables moyens, de mettre des obstacles à l'œuvre sotériologique du Maître éveillé. Il obtient un succès temporaire en séduisant la fille de ce dernier, mais il est, lui-même, enfin converti par le maître Shènrap. On a voulu voir un écho du manichéisme dans cette lutte entre le bien et le mal, mais la ressemblance est superficielle, et ne concerne jamais la nature fondamentale de ce monde, contrairement au manichéisme.

La littérature bönpo

Les bönpos possèdent une vaste littérature, que les chercheurs occidentaux commencent seulement à dépouiller. Jusqu'aux années 60, il était universellement admis, en Occident, que cette littérature n'était qu'un plagiat sans grande valeur de la littérature bouddhique. Cette position a été peu à peu abandonnée, tout d'abord grâce aux recherches de D. Snellgrove qui a montré, en 1967, qu'elle était le résultat d'un processus créateur de reformulation ; puis par la découverte, faite par A. M. Blondeau, que des éléments de la biographie du maître Shènrap avaient servi de modèle à celle du grand saint bouddhiste Padmasambhava, et non l'inverse. L'originalité de la littérature bönpo est donc hors de question.

Selon les bönpos, les passages les plus sacrés de leurs textes furent propagés par le maître Shènrap lui-même. Une partie de ces textes aurait été transmise, sans interruption, jusqu'à nos jours. Cependant, la plupart d'entre eux, traduits avant l'introduction du bouddhisme au Tibet, de la langue du Zhang-zhung en tibétain, auraient été cachés par les prêtres bönpos à la suite des persécutions organisées par les rois tibétains, surtout Trisong Détsèn (VIIIe siècle), à l'incitation des moines bouddhistes. Ces textes cachés, appelés « textes-trésors »[1] *(tèrma)*, furent donc mis à l'abri pour être

1. Voir *supra* l'article de G. Dreyfus.

découverts, le jour propice, quand le temps serait venu de les retirer de leur cachette.

Il semble que c'est à partir du Xe siècle que des textes considérés comme des textes-trésors du Bön furent découverts. Si cette datation est juste, l'origine de la tradition des textes-trésors serait bönpo, et non bouddhique. Au cours des siècles suivants, un très grand nombre de ces textes furent mis au jour, et la façon de les « découvrir » changea. Au commencement, il s'agissait de textes concrets, de manuscrits, que l'on découvrait cachés dans le sol, les murs, etc. Peu à peu, un élément de surnaturel fut introduit : les découvertes furent présentées comme le résultat d'une intervention divine, de visions, de rêves. Elles étaient des révélations qui surgissaient de l'esprit d'un individu inspiré et on les appela *gongtèr*, « trésors de l'esprit ».

Comme les bouddhistes, les bönpos ont recueilli leurs textes sacrés dans une vaste collection nommée *Kanjur*. Cette collection existait probablement avant 1450. La seule édition disponible aujourd'hui comprend cent quatre-vingt-dix volumes.

La diffusion du Bön au Tibet central

Après le meurtre du roi Langdarma, dernier grand empereur tibétain (règne : de 836 à environ 842), l'Empire tibétain s'écroula rapidement. Ce souverain, qui jouit d'une réputation infâme dans la tradition bouddhique comme persécuteur du bouddhisme et des moines, et comme partisan fanatique de la religion ancienne - raison pour laquelle il aurait été assassiné par un moine bouddhiste - est pratiquement inconnu dans les textes historiques bönpos, où il n'est, en tout cas, jamais présenté comme partisan du Bön.

Cet événement fut suivi par une période d'environ un siècle dont nous ne savons pas grand-chose, et sur laquelle les textes historiques tibétains observent une réticence inhabituelle. Cependant, comme on l'a dit plus haut, à partir de la fin du Xe siècle, coïncidant avec la seconde diffusion du bouddhisme au Tibet apparut, au Tibet central, cette tradition religieuse qui s'appela Bön.

Cette tradition fut essentiellement maintenue dans un petit nombre de familles où le prestige spirituel, surtout sous forme de la transmission de textes de la catégorie « trésors », alla de pair avec le souci d'assurer la continuité, de génération en génération, de la famille et de son pouvoir. Les sièges des chefs de ces familles devinrent parfois des centres religieux avec des temples, et même, après un certain temps, avec de petits monastères. L'une de ces familles, la famille de Shèn (qui prétendit être la descendante du maître Shènrap), a gardé une certaine influence et existe encore de nos jours.

Ce fut également au Tibet central que se rendit le grand fondateur de la vie monastique des bönpos, Shérap Gyèltsèn (1356-1415). Originaire du Gyèlrong, dans les marches sino-tibétaines dans l'extrême est du Tibet, il fonda le monastère de Mènri, dans la région du Tsang, au Tibet central.

L'influence des traditions monastiques du bouddhisme au Tibet central réduisit toutefois les anciennes familles bönpos à l'impuissance politique. Cette situation fut renforcée par l'organisation au Tibet central, à partir du milieu du XVIIe siècle, d'un État centralisé dominé par l'école des guélougpas et le Dalaï lama. Le prestige des familles bönpos fut aussi affaibli par l'importance du monastère de Mènri dont les abbés étaient reconnus comme les successeurs de Shérap Gyèltsèn. Du fait de l'importance toujours grandissante de la tradition monastique dans le Bön, comme dans le bouddhisme, les abbés de Mènri furent bientôt considérés comme les chefs spirituels de tous les bönpos.

Tandis que la vie monastique de Mènri visait surtout à la méditation, l'étude de la philosophie était fortement encouragée par les guélougpas. Les bönpos n'échappèrent pas à cette tendance, ce qui les incita à fonder, en 1834, un deuxième grand monastère, également dans le Tsang. Il reçut le nom de Youngdroung ling. Là, la scolastique était poursuivie avec la même vigueur qu'elle le fut dans les immenses monastères bouddhiques, tels les établissements guélougpas proches de Lhasa. Jusqu'à nos jours, les relations entre Youngdroung ling et Mènri ont été caractérisées par une certaine rivalité ; cependant, les deux monastères ont constitué un foyer puissant de la vie religieuse des bönpos.

Le Bön au Tibet de l'Est

Au Tibet de l'Est (dans le Khams et l'Amdo), la chute de la dynastie impériale au Tibet central eut probablement des conséquences moins dramatiques qu'au centre du pays. Bien que les sources soient des plus éparses, il semble que la vie religieuse du Bön, ainsi que du bouddhisme, continua sans grands bouleversements. Cependant, tandis que l'évolution politique au Tibet central aboutissait à l'instauration d'un État théocratique centralisé, avec sa capitale à Lhasa, le Tibet de l'Est était fragmenté en un grand nombre de petits États dont certains étaient des royaumes, d'autres des États théocratiques, d'autres encore des fédérations de tribus aux liens plus ou moins étroits et vivant de nomadisme et de brigandage. Cette diversité qui est, de nos jours encore, un trait caractéristique du Tibet de l'Est, fut renforcée par des différences culturelles, linguistiques et ethniques.

Dans ce conglomérat politique et ethnique, certaines régions et communautés restaient fidèles au Bön. Au Tibet oriental, la population bönpo était - et elle l'est restée - assez importante, contrairement au Tibet central, où les bönpos, à l'exception de la vallée de Choumbi, au sud, de quelques villages du Tsang, et surtout des tribus nomadisant à Nagchouka et ailleurs au nord de Lhasa, étaient peu nombreux. Ainsi, au Khams, il y a encore des communautés bönpos à Khyoungpo, à Dèrgué et à Nyarong, avec des temples, des religieux et même des monastères. Ngawa constituait aussi un centre important avec deux grands monastères, Nangzhig et Tokdèn. Ngawa, situé loin du pouvoir exercé par le gouvernement des Dalaï lamas à Lhasa, fut également un lieu d'asile pour l'école *jonangpa*[2] qui, persécutée au Tibet central par le cinquième Dalaï lama (au XVIIe siècle), y fonda des monastères qui sont toujours en activité.

Bien que tolérés au Tibet oriental, les bönpos n'étaient généralement pas liés au pouvoir politique. Il y avait cependant deux exceptions. Dans la principauté de Béri, au Khams, le roi favorisa les bönpos, allant jusqu'à persécuter les bouddhistes et à expulser leurs moines. La motivation du roi était davantage d'ordre politique que religieux. Il fut déposé en 1640 (et par la suite, exécuté) par une armée mongole venue à la rescousse du cinquième Dalaï lama qui se trouvait en situation difficile face à ses adversaires politiques, soutenus par le roi de Béri. Cet épisode montre à quel point le Bön fut répandu à l'époque au Tibet de l'Est. Par la suite, Béri fut rattaché à Dèrgué, le royaume le plus important du Khams. De nos jours encore, les bönpos y constituent une minorité importante.

Cependant, c'est surtout dans les vallées de Gyèlrong, à la frontière chinoise, que les bönpos sont restés fortement enracinés. La population de cette région, tout en parlant une langue tibéto-birmane assez éloignée du tibétain, est entièrement de culture tibétaine. Là, les bönpos menaient une activité religieuse et culturelle intense ; ils y ont fondé plusieurs monastères importants.

Les dix-huit principautés de Gyèlrong jouissaient d'une indépendance quasi totale vis-à-vis de Lhasa ainsi que de l'empereur mandchou. Plusieurs d'entre elles étaient gouvernées par des dynasties bönpos. Dans la première moitié du XVIIIe siècle, Gyèlrong connut une efflorescence culturelle. Grâce au patronage royal, deux éditions imprimées du *Kanjur bönpo* furent réalisées ; l'art et l'architecture furent hautement développés.

Cette période si active se termina brutalement par l'arrivée de l'armée mandchoue qui, menant une campagne qui dura plusieurs années, réussit à vaincre la résistance farouche de la population de Gyèlrong, et à conquérir presque toute la région en 1775. Les monastères bönpos furent anéantis ou convertis en monastères

2. Les Jonangpas, du nom de leur monastère, Jomonang, dans le Tsang, forment l'une des écoles du bouddhisme tibétain. Elle fut fondée au XIVe siècle.

guélougpas. Néanmoins, une grande partie de la population resta fidèle à la religion ancestrale.

En revanche, un peu plus au nord, à Ngawa, le monastère de Nangzhig continua à se développer, pour devenir, au début du XXe siècle, un monastère d'environ mille religieux, recrutés selon des règles strictes parmi un nombre égal de familles. Aussi, dans la vallée fertile de Sharkhog, au nord de l'ancienne ville chinoise fortifiée de Songpan, toute la population était bönpo, et elle l'est encore. Là, des familles prospères, pratiquant le commerce et l'agriculture, assurèrent les bases économiques de tout un réseau de monastères bönpos.

La situation contemporaine

Bien que minoritaire et généralement sans pouvoir politique, le Bön fut, au milieu du XXe siècle, une religion organisée dans le sens où ses monastères et ses lieux sacrés constituaient un réseau étroit de recrutement pour la vie religieuse, d'échanges entre les monastères et d'un va-et-vient incessant de pèlerins. Les forces de l'occupation chinoise - à partir de 1950, dans l'est - ne firent aucune distinction entre bönpos et bouddhistes. Cependant, quand la résistance tibétaine éclata en révolte organisée, les Chinois parvinrent parfois, en jouant sur l'antagonisme latent entre bönpos et bouddhistes, à inciter ces derniers à attaquer les premiers (pour être, bien sûr, massacrés à leur tour par l'armée chinoise).

La Révolution culturelle fut une catastrophe pour tous les Tibétains, bouddhistes ou bönpos. Les monastères, les temples, l'art, les livres, les ornements - toutes les manifestations de la civilisation tibétaine - furent détruits. Encore plus désastreuse fut la famine, systématiquement organisée par les Chinois, pour soumettre la population tibétaine.

La fin de la Révolution culturelle vers la fin des années 70, suivie par la nouvelle politique de libéralisation économique, délivra au dernier moment les Tibétains de l'anéantissement définitif. À partir des années 80, tous - bönpos et bouddhistes - se mirent avec enthousiasme à reconstruire les bâtiments abîmés des monastères et à les orner dans le style traditionnel ; ils rétablirent aussi les relations sociales qui existaient traditionnellement et assuraient la subsistance des institutions religieuses. Au cours des années 80, les monastères furent à nouveau peuplés par de jeunes religieux, impatients de recevoir l'enseignement des moines instruits, peu nombreux, qui avaient survécu à vingt-cinq ans de révoltes, de massacres et de famine.

Ainsi, un grand nombre de monastères bönpos ont été reconstruits. Parmi les plus importants, il faut citer Mènri et Youngdroung ling au Tibet central, Nangzhig et Tokdèn à Ngawa, et Gamey dans la vallée de Sharkhog. L'ancien monastère de Youngdroung Lhading, au Gyèlrong, a été rendu aux bönpos par les autorités et se trouve de nouveau, après deux siècles, peuplé de religieux de cette école.

Cette reprise de la vie religieuse a été, dans une certaine mesure, aidée par les bönpos qui se sont réfugiés en Inde après la révolte de 1959. Parmi eux se trouvaient plusieurs moines bönpos d'une culture et d'une érudition exceptionnelles, tels que Tènzin Namdak, le maître de l'enseignement de la philosophie au monastère de Mènri, et l'abbé du monastère de Youngdroung ling. Mènri, qui était en ruines au Tibet, fut refondé en Inde. Un moine de Sharkhog, Sangyé Tènzin, fut élu comme nouvel abbé. Ce monastère, situé près de la petite ville de Solan dans l'État de l'Himachal Pradesh, dans les montagnes au nord de New Delhi, est devenu un centre religieux où plus de deux cents moines poursuivent des études philosophiques et où sont pratiqués les rituels traditionnels. Sous la direction dynamique de l'abbé, ce monastère a accueilli un grand nombre de moines venant du Tibet, du Népal et même du Sikkim ; ces derniers, en retournant dans leurs pays, contribuent partout à la reprise de la vie religieuse et surtout de la vie monastique.

De même, le grand érudit Tènzin Namdak a fondé, à Katmandou, un monastère bönpo qui est devenu un centre spirituel et aussi un centre d'accueil pour les bönpos venant de Dolpo et de Loubra, au nord du Népal.

Dans les années 90, le Bön s'est finalement implanté en Occident, bien après toutes les autres traditions religieuses tibétaines. C'est surtout aux États-Unis qu'on trouve un nombre croissant de soi-disant « bönpos américains », organisés, ou du moins instruits par l'Institut Ligmigya, organisation qui porte le nom d'un des anciens rois du Zhang-zhung. Il faut cependant noter qu'il n'y est point question de reproduire toute la richesse de la vie doctrinale et rituelle du Bön. L'intérêt des fidèles occidentaux se borne à peu près exclusivement à la méditation, surtout aux traditions de la « Grande Perfection », sautant ainsi par-dessus les longues années d'études philosophiques jadis considérées, au Tibet, nécessaires pour commencer la pratique de la méditation. Il reste à voir si le Bön sera plus qu'une mode éphémère en Occident.

Le Bön : entre bouddhisme et idéologie du Parti ?

Bien que la violence ait été l'exception, plutôt que la règle, dans les relations entre le Bön et le bouddhisme, il est néanmoins vrai que l'antagonisme a souvent été très profond des deux côtés. Ainsi, l'érudit bönpo Nyima Tènzin, abbé du monastère de Mènri, décrit en 1842 l'expulsion des prêtres bönpos du Tibet central sous le règne du roi bouddhiste Trisong Détsèn (VIIIe siècle), dans les termes suivants :

> Dans l'année Terre-Bœuf, un démon entra dans le cœur du roi, la prière malveillante d'un démon en étant la cause ultime, et celui qui se présenta comme un moine mais qui était en réalité envahi par les cinq poisons (c'est-à-dire le moine bouddhiste Shantarakshita[3]) en étant la cause immédiate. Le mérite du Tibet étant épuisé, le jour vint où le soleil de la Doctrine sacrée [c'est-à-dire le Bön] se coucha. Pour le bien de tous les êtres, la multitude des saints cachèrent les cinq trésors secrets et les mille sept cents trésors mineurs, et quittèrent le pays pour les domaines spirituels de lumière.

Pour Nyima Tènzin, l'introduction du bouddhisme au Tibet

3. Fondateur, au IXe siècle, de la secte des renonçants shivaïstes des Dasnami Sannyasi.

se présenta donc comme une catastrophe, entraînant le « coucher du soleil de la Doctrine sacrée », la chute de la dynastie et la dissolution de l'Empire tibétain. Quant aux bouddhistes, ils méprisèrent les bönpos, lesquels, comme l'affirme l'érudit guélougpa Thukèn Chöki Nyima, « aimaient à boire et s'entouraient de femmes ».

On aurait pu croire que l'histoire récente, troublée, du Tibet aurait incité les Tibétains de toutes les traditions religieuses à s'unir, face à la menace de l'occupation chinoise et à la discrimination qui en résulte, pour les Tibétains, à tous les niveaux. Cependant, il semble qu'il n'en est rien. Il faut admettre qu'en général les bönpos ont joui d'une liberté religieuse considérable. Toujours sceptiques à l'égard du pouvoir de Lhasa, ils se sont tenus à l'écart de la contestation politique qui a été organisée par une partie importante de la population tibétaine. Pour les bönpos, l'ennemi traditionnel était le gouvernement tibétain, dominé par les grands monastères guélougpas : la violente campagne anti-Dalaï lama, qui a été déclenchée vers la fin des années 90 par les autorités au Tibet, n'a pas été sans trouver une certaine adhésion dans quelques monastères bönpos.

Il y a donc un danger tout à fait réel que l'antagonisme entre bönpos et bouddhistes se perpétue et même s'aggrave. Ce danger est accru par le durcissement récent, vis-à-vis du bouddhisme, des autorités et du Parti communiste du Tibet. Le secrétaire du Parti communiste de la Région autonome du Tibet, Chen Kuiyuan, a prononcé un discours à Lhasa le 11 juillet 1997, au cours d'une campagne pour « faire prospérer la littérature et l'art socialistes ». Il a réfuté « l'idée qui identifie la culture nationale tibétaine à la religion tibétaine, prétendant que la culture nationale tibétaine serait en effet une culture bouddhique, et que sans une culture bouddhique, il n'y aurait pas de culture nationale tibétaine ». Il a continué avec ces mots lourds de conséquences pour les relations bönpos-bouddhistes : « Le bouddhisme est une culture étrangère. » L'idée que la culture tibétaine serait bouddhique est selon lui « tout à fait absurde », la culture tibétaine ayant prospéré pendant plus de mille ans avant l'introduction du bouddhisme. « Le point de vue qui identifie la culture bouddhique à la culture tibétaine, non seulement n'est pas conforme à la réalité, mais il déprécie les ancêtres de la nationalité tibétaîne et la nationalité tibétaine elle-même .»

Les bönpos, nous l'avons vu, considèrent eux aussi que le bouddhisme est, en effet, « une culture étrangère ». Ils estiment détenir la vraie religion, l'authentique tradition du Tibet. Vont-ils succomber à la tentation de se rallier à l'attaque faite contre le bouddhisme, religion à laquelle la grande majorité des Tibétains adhère ? Sauront-ils échapper au piège de l'exploitation de leurs différences par les forces politiques en présence au Tibet ? Espérons que le Bön, une tradition riche et ancienne, restera un élément vivant de l'héritage culturel de l'humanité.

Per Kvaerne

L'identité bönpo aujourdhui

Entretien avec Samten G. Karmay

S. G. Karmay est d'origine tibétaine. Né dans une famille bönpo en Amdo (Tibet oriental), il est actuellement directeur de recherche au CNRS *et analyse dans ce témoignage étonnamment engagé la situation actuelle de son pays.*

Katia Buffetrille. - Après la présentation du Bön par Per Kvaerne, il m'a paru intéressant de recueillir votre point de vue sur cette question de l'identité bönpo mais, avant tout, je veux vous remercier d'avoir accepté de répondre à mes questions.

Samten G. Karmay. - On ne peut pas parler de la question de l'identité *bönpo* sans parler de l'histoire.

Avant tout, il me semble important de dire quelques mots sur des points fondamentaux de la tradition bönpo. Selon cette tradition, Nyatri tsènpo est le premier roi et le fondateur mythique de la nation tibétaine. Ce mythe, qui est très développé dans la tradition bönpo, se rencontre également dans les manuscrits de Dunhuang (VIIIe-Xe siècle). Ces documents, qui constituent les sources les plus anciennes que nous ayons sur le Tibet, furent découverts au début du siècle dans les grottes de Dunhuang, en Asie centrale. Il est dit que ce roi est d'origine divine et qu'il est descendu du ciel sur la montagne Lhari Gyangdo, au Kongpo, au sud-est de Lhasa. Il était accompagné de deux prêtres, dont l'un tenait un tambour et l'autre une cloche plate, deux instruments musicaux qui sont des symboles importants dans la religion bönpo. Il existe chez les bönpos, au Tibet, un dessin qui représente la descente du premier roi du ciel sur la montagne en compagnie de ces deux prêtres.

Ce mythe est très particulier au Bön. Quand le bouddhisme a été établi, il l'a rejeté. Selon la tradition bouddhiste, le premier roi, Nyatri tsènpo, est un prince indien venu au Tibet. Les peintures bouddhiques, de leur côté, montrent le roi descendant d'une montagne, entouré de quelques personnes qui lui posent des questions. Comme il ne parle pas le tibétain, il s'exprime par signes. Les Tibétains lui demandent d'où il vient ; il répond en levant la main droite et en la pointant vers le ciel. Les Tibétains comprennent alors qu'il est venu du ciel, et le prennent pour roi.

On a même dit que ce roi n'était pas seulement né en Inde, mais aussi qu'il appartenait au clan Shakya (le clan dans lequel était né le Bouddha). Cette tradition est devenue très importante parmi les historiens bouddhistes pour deux raisons. La première, bien sûr, est que le Bouddha est né en Inde. La seconde est que la création de ce mythe du premier roi avait un but idéologique. Il a été un moyen de briser la structure du mythe d'origine indigène, mythe qui est à la base du développement des idées autochtones et de divers concepts que l'on trouve, non seulement dans les traditions orales, mais aussi dans les écrits, et surtout dans les rituels.

Je crois que c'est l'une des premières divergences entre les traditions bouddhiste et bönpo.

Une chose intéressante est que, sous l'influence du nationalisme moderne, les Tibétains rejettent maintenant cette idée d'un roi venu de l'Inde. À l'heure actuelle, les Tibétains du Tibet n'acceptent plus l'idée d'avoir un étranger comme premier roi, et Chabpèl, un chercheur tibétain du Tibet, a écrit récemment un article intitulé « Nyatri tsènpo était un natif du Tibet même ».

En général, les notions indigènes sont beaucoup plus développées dans la tradition bönpo que dans la littérature bouddhiste qui, elle, contient essentiellement des concepts indiens. La littérature bönpo renferme les concepts indigènes, même s'ils ne sont pas toujours associés à la croyance bönpo proprement dite. Dans mes travaux sur les mythes et les rituels, je recherche constamment des idées qui ne soient pas d'origine indienne, mais au contraire proprement tibétaines. Les sources anciennes, qui se prolongent dans les textes bönpos, exposent le concept de « roi divin », et retracent son voyage du Kongpo au Yarloung, ses différentes actions le long du chemin, la fondation du premier palais appelé Youmbou lagang, au Yarloung. On y trouve aussi les mythes cosmogoniques, les concepts de purification, de l'âme, qui sont le fondement de l'organisation sociale et religieuse. Cela est particulièrement important, de nos jours encore, parmi les populations vivant à la périphérie du Tibet central, où l'influence du bouddhisme a été ressentie moins fortement.

Je voudrais insister sur l'importance des concepts autochtones que l'on trouve dans la cosmogonie, et sur le culte des montagnes lié à des mythes d'origine. Le mythe du roi Nyatri tsènpo indique une relation fondamentale entre ce roi et la croyance au dieu de la montagne Odé Gungyèl, le père de tous les dieux de la montagne du Tibet.

Certains chercheurs ont du mal à accepter la croyance tibétaine aux dieux de la montagne. En fait, le concept de « dieu de la montagne » joue un rôle primordial dans le mythe d'origine du premier roi. Deux tibétologues, E. Haarh et A. Macdonald, ont étudié les mythes d'origine, mais ils n'ont pu, à l'époque de leurs travaux, avoir accès à un ouvrage du XIIIe siècle, récemment publié, et qui traite de l'histoire de l'apparition de la doctrine bouddhique. Ce texte développe le mythe d'origine du premier roi selon la tradition bönpo. Son auteur, bouddhiste, dit lui-même s'être appuyé sur des sources bönpos[1]. Le concept de « dieu local » est lié à la montagne, c'est-à-dire avec le dieu de la montagne Odé Gungyèl, qui est présenté aussi comme le père de neuf dieux de la montagne. Il est dit que ses descendants sont aussi nombreux que les gouttes de pluie, ce qui signifie que presque tous les dieux locaux descendent d'Odé Gungyèl.

---

1. Samten G. Karmay, « The Origin Mythes of the First King of Tibet as Revealed in the *Can-lnga* », *Tibetan Studies*, Proceedings of the 6th Seminar of the International Association for Tibetan Studies, Fagernes, 1992/Oslo, The Institute for Comparative Research in Human Culture, 1994, p. 408-429.

Mais on trouve aussi cette idée chez les bouddhistes ?

Oui, mais je pense que c'est une adaptation de la tradition bönpo.

Quelle est votre définition du Bön ?

Il faut faire une distinction entre ce qui existait avant et après le Xe siècle. Il n'y a aucun doute, pour moi, sur l'existence d'une croyance appelée « Bön » avant le Xe siècle. Les documents de Dunhuang le confirment. On a souvent dit qu'à cette époque il n'y avait pas de religion appelée « Bön », mais qu'en revanche, il y avait des prêtres dénommés « bönpos ». Mon argumentation est que si l'on reconnaît l'existence de prêtres bönpos, tout en niant l'existence de la croyance, on tombe dans une sorte de contradiction. Sinon que pratique ce prêtre appelé « bönpo » ? On a même dit qu'à cette époque, le terme « Bön » ne désignait pas une croyance mais seulement des rituels. Or, ce sont les rituels qui véhiculent la croyance ; un fait qui, me semble-t-il, a été oublié.
De plus, on a affirmé qu'il y avait une coupure totale entre la tradition ancienne et la tradition bönpo après le Xe siècle, ce qui n'est pas tout à fait vrai. Les idées qui se trouvent dans les manuscrits de Dunhuang se retrouvent également dans les textes tardifs de la tradition bönpo. C'est aussi le cas pour les noms des sites sacrés, des prêtres et des pratiques rituelles. En revanche, ces noms des prêtres et des rituels ne sont pas dans les textes bouddhistes. Il n'y a donc pas une coupure totale entre la tradition ancienne et la tradition bönpo tardive à partir du Xe siècle.
La tradition bönpo n'a rien rejeté des croyances et des pratiques qui existaient auparavant au Tibet ; elle les a simplement réintégrées et organisées en neuf catégories. Je suis tout à fait d'accord avec D. Snellgrove quand il dit que, s'il y a une religion qui peut être qualifiée de religion du Tibet, c'est bien la religion Bön, ce qui, à mon sens, exprime le sentiment identitaire bönpo.
Il est difficile de définir le Bön proprement dit en tant que doctrine. C'est une tradition qui englobe toutes les croyances dans ses écrits, y compris les théories bouddhiques, par exemple le karma, la renaissance. Le bouddhisme n'est pas lui-même à l'origine de

ces idées ; il les a empruntées au brahmanisme. Mais d'autres concepts proprement bouddhiques se retrouvent dans les textes bönpos à partir du XIe siècle.

Il y a, bien entendu, des divergences au niveau de la doctrine. Ainsi, les bönpos ont leur propre fondateur, le maître Shènrab. Il est considéré par les bönpos comme un autre Bouddha. En ce sens, les bönpos rejettent le Bouddha Shakyamouni en tant que maître de leur propre tradition, ce qui pose un problème aux bouddhistes qui, eux, n'acceptent que le Bouddha Shakyamouni.

On ne sait pas grand-chose sur l'organisation du Bön, au niveau populaire, avant le Xe siècle. On sait qu'il y avait des spécialistes qui construisaient les tombes royales, d'autres qui exécutaient les rituels pour les rois et pour les ministres. Une catégorie sociale était donc spécialisée dans les rituels. À cette époque, il n'existait pas, me semble-t-il, une organisation institutionnalisée comme chez les bouddhistes qui avaient fondé leur premier monastère, Samyé, au VIIIe siècle, avec le soutien du pouvoir royal. Ces derniers avaient une organisation bien réglée, calquée sur le modèle indien.

On parle beaucoup des sacrifices sanglants que faisaient les bönpos à cette époque. Quelle est l'attitude des bönpos sur ce sujet ?

Au cours de mes recherches, j'ai rarement trouvé de mentions d'offrandes sanglantes dans les textes liturgiques et les mythes liés aux rituels. Au contraire, il y est question d'herbes ou d'autres substances offertes comme « rançon » pour une personne malade. On a toujours pensé qu'idéologiquement les bouddhistes sont opposés à l'action de tuer. De fait, ils ne peuvent accepter l'idée de tuer un animal et d'offrir le sang et la chair à des dieux. En revanche, ils ont toujours eu besoin, non seulement du sang et de la chair des animaux, mais aussi des produits du corps humain : urine, semence, etc., surtout dans les pratiques tantriques. Or, il est difficile de concevoir que l'on obtienne du sang et de la chair sans tuer l'animal pour autant, et l'on sait que le tantrisme était déjà bien introduit au monastère de Samyé.

De plus, on possède un édit promulgué par un roi bouddhiste du Tibet occidental, au début du XIe siècle. Il soulève le problème des sacrifices sanglants exécutés par les bouddhistes, et il pose la question de savoir si cette pratique appartient vraiment à l'enseignement bouddhique. Ce que je veux dire, c'est que si les bönpos ont pratiqué des sacrifices sanglants à cette époque, ils ne sont pas les seuls.

Il y a toujours une contradiction entre ce que l'on dit et ce que l'on fait. Le bouddhisme dit qu'il ne faut pas tuer un animal, mais les bouddhistes tibétains mangent de la viande. Quand une famille invite des moines à la maison pour faire un rituel, elle doit tuer un animal pour nourrir les religieux. Ces derniers ne sont pas directement impliqués dans l'action de tuer mais, cependant, on tue pour eux ; ce qu'ils acceptent. En fait, les textes bouddhiques disent que pousser quelqu'un à tuer est la même chose que tuer soi-même. C'est donc tout à fait contradictoire.

À l'époque tardive, il y a toujours eu des centaines, voire des milliers d'animaux tués dans l'abattoir, juste à côté des grands monastères *guélougpas*, tels Labrang, en Amdo, ce qui n'a jamais semblé poser de problème aux moines. Au contraire, les religieux disent parfois que ces animaux ont de la chance d'être tués dans le but d'être utiles aux moines. Ainsi, ils vont accumuler des mérites en les nourrissant.

On a également dit souvent que les bönpos étaient à l'origine de la fabrication d'instruments rituels à partir d'os humains. En fait, ces derniers ont été introduits au Tibet avec le tantrisme, depuis l'Inde. Les bönpos les ont utilisés plus tard. Les écrits bönpos ont condamné l'usage de ces instruments car ils étaient considérés impurs pour les dieux.

On a développé l'idée que dans les rituels bönpos, mais aussi dans ceux de l'école ancienne du bouddhisme, on trouve des effigies d'animaux parmi les offrandes, ce qui sous-entend qu'auparavant, on sacrifiait des animaux réels et non des substituts. Quand le bouddhisme a été bien établi, il a interdit de tuer des animaux, ce qui explique l'existence des effigies. Dans les textes de Dunhuang, on trouve la mention de substituts : des plantes, des pierres, des branches d'arbres sont offertes. On n'y parle pas de sacrifice animal. Je ne suis donc pas tout à fait convaincu par l'idée que ce sont les bouddhistes qui ont commencé à faire des effigies. Je pense que ce sont peut-être les bönpos qui sont à l'origine de cette pratique, bien qu'il n'y ait pas beaucoup de textes pour le prouver. Néanmoins, on en trouve des traces dans les manuscrits de Dunhuang.

Comme autre idée reçue, les bouddhistes, notamment les guélougpas, définissent aussi les bönpos comme des gens qui aiment les femmes et la bière. Même S. C. Das[2], lors de son voyage au Tibet, a repris à son compte ce préjugé bouddhique.

Langdarma (836-environ 842), le dernier souverain de la période royale, est souvent présenté comme un adepte de la religion bönpo, ce qui n'est pas exact. Les manuscrits de Dunhuang montrent qu'il était bouddhiste, et la version selon laquelle il a persécuté le bouddhisme n'existe pas dans ces documents. Au contraire, on peut y lire au moins deux prières pour sa longue vie. Je pense personnellement qu'il était opposé au système monastique et à son intervention dans la vie politique du pays. Dès la fondation de Samyé, des villages avaient été désignés pour servir le monastère. En compensation, ces villages étaient exemptés de taxes, et les jeunes gens n'effectuaient pas le service militaire. Pour moi, le problème était là.

Les bönpos ont toujours eu, et ont encore, le sentiment que leur religion est la vraie religion du Tibet, contrairement au bouddhisme qui a été importé d'un autre pays. Lorsque le bouddhisme est devenu religion d'État, ils ont eu le sentiment d'être rejetés. C'est l'adoption du bouddhisme comme religion d'État qui pourrait être à l'origine du sentiment d'identité bönpo. Pour eux, cela a été une catastrophe.

Mais continuons avec l'histoire.

Au XIe siècle, lors de la deuxième diffusion du bouddhisme, le Bön apparaît alors comme une religion organisée, appelé Youngdroung Bön, le « Bön éternel », avec une institution monastique dont les règles (discipline, célibat, etc.) sont similaires à celles des monas-

2. S. C. Das est un savant indien, originaire du Bengale oriental. À la fin du XIXe siècle, il fut envoyé au Tibet par le *Survey of India*, le Département topographique des Indes britanniques, afin de faire des relevés.

tères bouddhiques. À partir de cette époque, l'expansion bouddhique a été assez rapide du fait de l'installation de communautés monastiques, surtout chez les sakyapas, qui avaient le soutien des Mongols. Dans l'organisation *sakyapa*, un des frères restait laïc et continuait la lignée familiale ; l'autre frère devenait l'abbé ou le chef du monastère. C'était un système qui permettait à une grande famille de conserver les pouvoirs politique et religieux.
Le même système (un frère laïc, un frère moine) existait, vers le XIe siècle, dans plusieurs régions de la province du Tsang où il y avait au moins cinq grandes familles bönpos. Chacune d'elles entretenait un monastère. Elles étaient, pourrait-on dire, propriétaires du monastère qui accueillait des enfants du village, tout comme des moines venus d'autres provinces. Pourtant, ces cinq familles n'avaient pas de soutien étranger. Aux yeux des bönpos, ce sont toujours les bouddhistes qui ont été associés avec les pays étrangers pour dominer la population tibétaine. Les chefs des monastères bönpos ont été contraints d'aller dans le Changtang, la « Plaine du nord », au Khams et en Amdo (le Tibet oriental), afin de trouver des subsides pour leurs propres monastères, alors que les chefs des monastères bouddhistes obtenaient suffisamment de donations sur place, au sein de la population locale.
À partir du XIVe siècle, le monastère n'appartient plus à une famille, mais devient véritablement un centre d'études, et les moines viennent alors des différentes régions du Tibet. Le monastère bönpo de Mènri fut construit dans le Tsang (le Tibet central) en 1405. C'est à cette époque que les bönpos ont commencé à avoir une tradition monastique bien établie. Ces cinq familles ont continué à donner des moines à leur propre monastère, et aussi au monastère de Mènri.

Les familles bönpos étaient-elles poussées à mettre leurs enfants dans un monastère bouddhique ou pouvaient-elles les envoyer dans un monastère bönpo ?

À l'époque moderne, la famille pouvait choisir d'envoyer son enfant dans un monastère bönpo si elle était bönpo, et si un monastère bönpo existait dans les environs, ou bien dans un monastère bouddhique si la famille était bouddhiste.

On pourrait donc dire que les bouddhistes acceptaient de participer à la propagation du Bön ?

Oui. Ainsi à Rebgong (au Tibet oriental), un monastère bönpo a été construit il y a seulement quelques années. Traditionnellement, s'il y avait trois frères dans une famille bönpo, le premier restait laïc, le deuxième devenait un officiant tantrique, et le troisième un moine. Avant que ne soit établi ce monastère bönpo, le moine se rendait au grand monastère guélougpa de Rongpo gönchèn. Mais dans les cas où il y avait un monastère bönpo à proximité, l'enfant était envoyé dans un monastère bönpo.
Cependant, à partir des XIIe-XIIIe siècles, les bönpos sont allés très souvent étudier la philosophie bouddhique dans des monastères bouddhistes. Boutön, célèbre érudit du XIVe siècle, raconte dans sa biographie qu'il a rencontré au monastère de Sangpou (au Tibet central), un certain nombre de moines bönpos qui participaient aux débats et avaient montré leur supériorité. Il est difficile de dire comment Boutön savait que ces moines étaient bönpos, à moins qu'ils n'aient réfuté certaines théories bouddhiques et que des religieux aient essayé de les convaincre. Mais les moines bönpos ne restaient pas dans les monastères bouddhiques.

Cela voudrait-il dire que, pour les bönpos, les grands monastères bouddhistes étaient plus prestigieux que les monastères bönpos ?

Oui, mais il en était de même pour les bouddhistes de toutes les écoles qui se rendaient aussi dans les grandes universités bouddhiques. Quand un moine bönpo rentrait dans son monastère après avoir étudié dans un monastère bouddhiste réputé, son renom était plus grand. En effet, il avait non seulement étudié sa propre tradition, mais d'autres également. Il ne faut pas croire qu'en étudiant dans un monastère bouddhiste, il perdait sa propre identité. Il était reconnu en tant que moine bönpo, et la biographie de Boutön montre bien que les bönpos maintenaient leurs propres thèses, et que les bouddhistes essayaient de les convaincre.

Quel était le cursus habituel d'un moine bönpo ?

Il était normal qu'un moine bönpo aille étudier, d'abord, dans un grand monastère bönpo comme Mènri, puis dans une université monastique bouddhique. Après la fondation de Mènri, les moines bönpos avaient pris l'habitude d'aller au monastère de Sakya, pour étudier la philosophie bouddhique.

Même si cela n'est pas directement lié au problème de l'identité, je tiens à souligner que la manière de désigner l'abbé de Mènri était unique. Il était tiré au sort. Cela se passait ainsi : il y avait un certain nombre de candidats ; pour être candidat, il fallait avoir le titre de docteur en théologie, c'est-à-dire avoir étudié la philosophie bönpo proprement dite et, si possible, la philosophie bouddhique. On inscrivait le nom de chacun sur un morceau de papier qui était introduit dans une petite pilule. On mettait ces pilules dans un bol que l'on faisait tourner. On exécutait des rituels jusqu'à ce que l'une des pilules tombe du bol. Si l'abbé du monastère était retraité, mais toujours en vie, il la conservait jusqu'au moment où l'assemblée générale du monastère se réunissait. C'est lui alors qui cassait la pilule devant tout le monde et proclamait le nom ; sinon c'était un autre moine. Il n'était plus possible alors pour le candidat de refuser la fonction, ou pour les moines, de s'opposer à celui qui avait été désigné, car ce tirage au sort exprimait le choix des divinités protectrices, et devait donc être respecté par tous.

Ce système d'élection de l'abbé, qui a été reconnu par le gouvernement tibétain avant l'invasion chinoise, n'existe pas, à ma connaissance, dans une autre tradition, et il a été repris par l'autre grand monastère bönpo, Youngdroung ling, qui fut construit au XIXe siècle au Tibet central.

Une autre différence avec le système bouddhiste est que les bönpos n'ont jamais eu de système de réincarnation institutionnalisé même s'ils ont reconnu, plus tard, vers le XIXe siècle, un certain nombre de réincarnations sur le modèle bouddhiste.

Y a-t-il eu, à certaines époques, des luttes armées entre bouddhistes et bönpos, ou étaient-ce deux organisations qui fonctionnaient parallèlement ?

Je ne pense pas qu'il y ait eu des luttes armées entre le XIe et le XVIIe siècle, mais des conflits entre deux villages, entre deux petits

groupes, et cela sur le plan doctrinal. On raconte de nombreuses histoires de compétitions magiques entre un lama bouddhiste et un bönpo.
Cependant, à l'époque du cinquième Dalaï lama (au XVIIe siècle), les Mongols, nouvellement convertis à l'école guélougpa et dirigés par Goushri khan, vinrent défendre les guélougpas et lutter, entre autres, contre le chef bönpo de la principauté de Béri (au Khams). La lutte qui s'ensuivit se déroula autant sur le plan militaire que religieux. Ce petit royaume était totalement opposé aux guélougpas, et là, il y eut une véritable lutte armée.
Avant 1642 (date à laquelle le cinquième Dalaï lama a été investi de l'autorité sur l'ensemble du Tibet), il n'y a pas eu de conversion forcée ; tout au moins, rien n'est dit à ce sujet dans les sources écrites. Mais, à partir du règne du cinquième Dalaï lama, il en est allé différemment. Pourtant, il avait lui-même reconnu le Bön en tant que religion nationale coexistant avec le bouddhisme. On peut voir l'inscription le proclamant dans le vestibule du Potala. Le Dalaï lama actuel a gardé la même attitude que le cinquième.
Au XVIIe siècle, la lutte entre les karmapas et les guélougpas était intense. Les adhérents des petites écoles comme les bönpos et les bouddhistes jonangpas ont été pris au piège, à cause de l'idéologie politique des guélougpas. À cette époque, un certain nombre de monastères bönpos ont été convertis par la force, surtout dans la région de Khyoungpo (au Khams). Mais les bönpos ont pu rester au Tibet central, contrairement aux jonangpas qui, tous, ont été expulsés à l'est. Les Mongols ont consacré une énergie énorme à défendre l'école guélougpa, et ils considéraient les adeptes des autres écoles comme des ennemis. Au Tibet central, les bönpos ne se sont pas vraiment opposés aux Mongols de Goushri khan, alors que dans la principauté de Béri ils se sont soulevés. C'était donc un problème politique. Cet événement historique n'a jamais été oublié par les populations bönpos du Khams et de l'Amdo. Cela montrait une fois encore aux bönpos que les bouddhistes avaient fait alliance avec des étrangers contre eux.
Quoi qu'il en soit, les bouddhistes ont toujours cherché à convertir les bönpos. Dans la première moitié du XXe siècle, le lama guélougpa, Pabong khawa Déchèn Nyingpo (1878-1941), importante

incarnation du monastère de Séra, au Tibet central, a eu une très importante activité missionnaire envers la population bönpo de la région de Hor (appelée actuellement Bachèn), et celle de Khyoungpo, au Khams. Une histoire très connue raconte qu'un jour il dut se rendre dans un lieu bönpo - dont j'ai oublié le nom. Pour quitter la région, il traversa une rivière. Arrivé sur l'autre rive, il s'assit au bord de l'eau pour se laver les pieds, en disant que cela était nécessaire car il venait de se rendre sur des terres bönpos.

Autre exemple : la vallée de Choumbi, au Tibet méridional était, récemment encore, habitée principalement par une population bönpo. Le lama Dromo guéshé Ngawang Kèlzang, du monastère guélougpa de Doungkar, qui lui-même venait, me semble-t-il, de Séra, a eu, lui aussi, une très forte activité missionnaire dans cette région, à la frontière indo-tibétaine, où il a converti la moitié de la population. Il dépendait également de la lignée de réincarnations Phabong khawa. Ce dernier fut le propagateur principal du culte de Shougdèn en ce siècle. Le culte de cette divinité, l'un des protecteurs des guélougpas, a toujours été controversé, et il fait actuellement l'objet d'une interdiction par le quatorzième Dalaï lama du fait de sa vocation sectaire. Mais, à l'époque, il était extrêmement important dans le monastère de Doungkar. Le culte de Shougdèn a été l'emblème de mouvements intégristes au sein des guélougpas, mouvements dus en grande partie à ces deux lamas, en ce siècle.
Quand les Chinois commencèrent à entrer au Tibet, le Dalaï lama actuel et son gouvernement s'enfuirent jusqu'à la vallée de Choumbi où ils restèrent dans le monastère de Doungkar. À cette époque, en 1950, le Dalaï lama était jeune ; il avait environ seize ans. Les membres du gouvernement étaient divisés sur la conduite à suivre : une partie voulait rentrer à Lhasa, l'autre partie désirait aller en Inde. Le Dalaï lama était trop jeune pour prendre lui-même la décision. Quelqu'un suggéra donc de consulter l'oracle de Shougdèn, au monastère de Doungkar. L'oracle fut invité à se rendre à la résidence du Dalaï lama, et il annonça qu'il fallait rentrer. Ce fut le premier contact du Dalaï lama avec le culte de cette divinité. Trichang rinpoché, l'un des deux maîtres spirituels

du jeune Dalaï lama et qui était un adepte de Shougdèn, avait saisi cette occasion pour lui transmettre ce culte. Après la mort de Phabong kawa, Trichang rinpoché devint le religieux le plus important de cette tradition. Peut-être dois-je préciser que ce culte n'a aucune importance chez les bönpos.

Dans le texte liturgique de Shougdèn rédigé par Phabong kawa, il y a quatre vers dans lesquels la religion Bön est qualifiée d'« hérétique », ce qui est un bon exemple de l'aversion de certains intégristes guélougpas envers les autres tendances religieuses. Trichang rinpoché a écrit un très long commentaire de ce texte. Lorsqu'il arrive à ces quatre vers, il décrit les activités de Dromo guéshé, qui aurait invoqué Shougdèn dans le but de convertir la population bönpo dans la vallée de Choumbi. Ce fut sanglant !

Les guélougpas qui adhèrent au culte de Shougdèn croient que cette divinité n'aime pas du tout les fidèles de leur école qui entretiennent des rapports avec une autre école, et un guélougpa qui aurait des relations avec l'école nyingmapa, par exemple, serait destiné à la mort.

Il était nécessaire d'évoquer tout cela avant de poursuivre notre réflexion au sujet de l'identité bönpo.

La notion d'identité est une notion occidentale. Il n'y a pas de mot en langue tibétaine pour traduire « identité ». Il est difficile d'affirmer que les bönpos ou les bouddhistes étaient conscients de cette question. Mais il est vrai que si un Tibétain se définit comme guélougpa, ou sakyapa ou bönpo, il se reconnaît alors une certaine identité. L'identité commence dans l'enfance, avec le nom de famille. On construit une identité de soi toute sa vie. La même chose avec la communauté, la région, le pays, etc.

En ce qui concerne le sentiment d'identité que peut avoir un groupe religieux par rapport à un autre, on peut dire que les groupes se distinguent les uns des autres par le nom, par la doctrine, par l'histoire. En ce sens, les gens étaient conscients de leurs différences. Les monastères avaient leurs particularités. Nous l'avons vu, par exemple, avec Mènri et sa manière de désigner l'abbé, alors que les abbés des monastères bouddhistes étaient nommés par l'autorité en place, par exemple chez les guélougpas, par le Dalaï lama.

Les centres religieux bönpos, temples ou monastères, se distinguent, d'une part par ce que j'appellerais l'« identité conceptuelle », cette dernière correspondant à ce dont nous avons parlé jusqu'à maintenant, et par « l'identité visible » (ce qui se voit extérieurement), dont nous allons parler maintenant.

Les Tibétains distinguent facilement un monastère bönpo d'un monastère bouddhiste. Il y a des drapeaux de prières comme chez les bouddhistes, mais on voit tout de suite que les formules rituelles *(mantras)* inscrites appartiennent à la tradition bönpo. La circumambulation se fait dans le sens inverse des aiguilles d'une montre, alors que les bouddhistes la font dans le sens des aiguilles d'une montre. Dans le monastère lui-même, il y a prédominance du *svastika* [symbole faste d'origine indienne, dont l'une des formes a été reprise par les nazis sous le nom de croix gammée] sur la porte, sur les murs, et les divinités représentées sont différentes. Il faut préciser que les pèlerins sont, généralement, assez peu sectaires. Les fidèles de l'école nyingmapa ou sakyapa qui entretiennent des rapports religieux avec les bönpos se rendent dans les monastères bönpos. Au niveau populaire, il y avait dans le Khams, en Amdo et dans certaines régions du Tibet central, un courant que l'on pourrait qualifier d'« universaliste ». Souvent des nyingmapas se rendaient chez les bönpos et de nombreux « découvreurs de trésors[3] » sont communs à la fois aux nyingmapas et aux bönpos.

La tradition bönpo a des symboles qui lui sont propres. Le coucou est l'oiseau emblématique des bönpos, car il est dit que le Maître Shènrab est descendu sur terre, avant sa naissance, sous la forme d'un coucou. Il s'est posé sur un genévrier et a chanté trois fois : « coucou, coucou, coucou ! » Ce chant d'oiseau signifie l'avènement de l'enseignement de la religion Bön dans le monde des humains. Le genévrier est donc un arbre sacré, doté de vertus purificatrices. Il est utilisé dans beaucoup de rituels bönpos et même chez les bouddhistes.

La couleur bleue du ciel est sacrée pour les bönpos car c'est l'emblème de l'éternité. Les moines portent un gilet bleu.

---

3. Voir *supra* l'article de G. Dreyfus dans le présent ouvrage.

La circumambulation serait-elle d'origine bönpo ?

Dans la littérature bönpo, par exemple dans une biographie du Maître Shènrab qui date du XIe siècle, il y a des références à la circumambulation dans le sens inverse des aiguilles d'une montre. Si on interroge de jeunes Tibétains au Tibet pour savoir la raison de la circumambulation dans le sens bönpo, ils répondent que le monde tourne dans ce sens, et qu'ils le suivent.

De quelle manière vivaient ces deux communautés, bönpo et bouddhiste ? Quelles étaient leurs relations ?

En général, les communautés bönpos restaient entre elles, les habitations des bouddhistes et le monastère bouddhiste étaient un peu plus loin. Les villageois bönpos se sentaient différents des villageois bouddhistes, et ils ne participaient pas à leurs rituels.
Prenons un exemple. En pays Sharwa (Amdo), 95 % des villageois étaient des bönpos, mais il y avait aussi une communauté bouddhiste sakyapa, peu nombreuse, ainsi que deux petits monastères guélougpas, au sud de Songpan. Les communautés laïques et religieuses avaient des contacts entre elles ; chacune se reconnaissait comme bouddhiste ou bönpo, mais les relations entre elles étaient bonnes. Il y avait quelques mariages entre bouddhistes et bönpos, mais ils étaient rares, ce qui montre que l'identité de chacun était bien marquée. Dans cette région, lorsqu'une femme bouddhiste se mariait avec un bönpo, chacun conservait généralement sa religion. Quand l'épouse mourait, la famille invitait un lama bouddhiste pour faire le service funéraire, ce qui était tout à fait normal ; on reconnaissait la différence. On faisait de même dans la situation inverse. En revanche, dans les régions comme la vallée de Choumbi ou Khyoungpo, l'histoire est différente, et les rapports entre les deux communautés n'étaient certainement pas faciles.
Les bönpos se sentaient très différents et s'identifiaient en tant que bönpos. On utilise le terme *bandé*[4] pour désigner les bouddhistes. Les bönpos ne pensent pas qu'il est mauvais d'être bouddhiste,

4. Le terme sanskrit, *bandi(n)* désigne notamment un bouddhiste.

simplement ils les qualifient de *bandé*. Chez les bönpos, le sentiment autochtone, indigène, est très fort, et lorsqu'ils parlent des bouddhistes, ils les relient toujours avec l'étranger. Ce qui s'explique, nous l'avons vu, par le fait que le bouddhisme est venu d'Inde, qu'il y a eu des conversions forcées et de nombreuses luttes par l'intermédiaire d'étrangers, surtout les Mongols et les Mandchous. Ce sentiment d'identité était aussi très fort parmi les religieux, ce qui ne les empêchait pas d'avoir des relations avec l'autre partie. Les moines bouddhistes venaient au monastère bönpo pour participer à des débats.

Depuis le début du XXe siècle, le monastère bönpo de Gamey, en pays Sharwa, avait établi l'étude de la philosophie. Dans les années 50, le petit monastère guélougpa, qui était situé au sud de Songpan, et celui de Gamey avaient décidé d'organiser des échanges entre les moines. Un groupe de moines guélougpas est venu à Gamey, dans les années 50, et y est resté quelques semaines ; puis l'échange s'est fait en sens inverse. Le but était d'étudier.

Les cinq monastères bönpos de la région se réunissaient aussi une fois par an. Toujours dans les années 50, lors de cette réunion, le lama du monastère guélougpa est venu en observateur, alors qu'il n'était pas invité. Il a été fort bien accueilli et personne n'a pensé qu'il fallait le chasser. Il faut dire qu'il était aussi un habitant du pays Sharwa. Il y avait donc différents niveaux de sentiments d'identité : une identité régionale, celle d'être des Sharwas de l'Amdo, une identité religieuse, moi bönpo et lui bouddhiste, mais, face aux Chinois, tous étaient Tibétains. L'expression *Gya Böd nyi*, c'est-à-dire « Chinois et Tibétains », était couramment utilisée.

Au moment de l'invasion chinoise, l'identité nationale a pris le dessus. Chacun se reconnaissait comme tibétain. Mais les Chinois ont toujours essayé de jouer sur les différences, et ils continuent maintenant. Ainsi, il y a un grand monastère dans le Gyèlrong, à l'est du Tibet qui a été bönpo à l'origine. À l'époque mandchoue, il fut converti de force à l'école guélougpa. Pendant la Révolution culturelle, le monastère fut détruit. Le gouvernement du Sichuan l'a rendu à présent aux bönpos afin qu'ils le reconstruisent. C'est une politique pratiquée pour créer des dissensions à l'intérieur de la communauté tibétaine.

En 1997, le secrétaire du Parti communiste de la Région autonome du Tibet a rejeté le bouddhisme en disant que c'était une culture étrangère. Heureusement, il n'a pas mentionné le Bön, car cela aurait pu poser un problème. Je pense que cet officiel chinois savait qu'il y avait des populations très sensibles à ce problème dans diverses parties du Tibet. La population bönpo, au Tibet central, au Khams et en Amdo, a souvent été opprimée par les guélougpas par l'intermédiaire des Mongols et Mandchous, ce qui a été ressenti très fortement. Cette population n'a pas oublié que les guélougpas étaient venus avec une armée étrangère, pour convertir, par la force, les bönpos à l'école guélougpa. L'identité de la population bönpo a été ainsi renforcée.

Quelle est actuellement la position des bönpos au Tibet même ?

Actuellement, les bönpos du Tibet représentent un problème délicat. Ils ont très souvent exprimé leur manque d'enthousiasme pour un rétablissement de l'autorité guélougpa. De fait, ils obtiennent actuellement des avantages qu'ils n'auraient jamais eus au temps du Tibet traditionnel. Ainsi, le gouvernement chinois a autorisé l'édition du canon bönpo, et y a même participé financièrement ; ce qui n'aurait pas été possible sous le gouvernement tibétain d'avant 1959.

Vous avez dit qu'avant l'invasion chinoise, il était courant que des moines bönpos originaires de l'Est se rendent dans le grand monastère bönpo de Mènri, dans le Tsang. Comment se passait la rencontre entre les moines bönpos amdowas et les gens du Centre, souvent bouddhistes ?

Il n'y avait aucun problème pour un moine de l'Amdo à aller étudier dans les grands monastères bönpos. Avant 1959, Mènri et Youngdroung ling étaient considérés comme des centres d'études, comme des universités. Les moines sharwas y allaient donc pour étudier. Les fondateurs de ces deux monastères étaient venus de l'Est, et la règle voulait que l'abbé soit toujours un homme originaire de l'Est, et jamais quelqu'un du Tibet central. Il est vrai que, du fait de la différence entre la langue parlée dans le Centre et celle parlée à l'Est, il y aurait pu y avoir un problème de communication. Mais il existait, dans ces grands monastères, et aussi à Drépoung[5], une langue qui pouvait être comprise par tous. C'était un lieu de rencontre de gens venant de différentes régions, et une langue qui n'était ni la langue de l'Est, ni celle du Centre, s'y était alors développée. La moitié des moines bönpos de Mènri étaient originaires du Tibet central. Bien sûr, on reconnaissait les différents accents, mais le seul moine dont je me souvienne qui ait eu de réels problèmes était un homme venu de Gyèlrong (au Khams). Comme les Mongols, il a été obligé d'apprendre le tibétain à partir de zéro.

Nous avions effectivement des difficultés à communiquer lorsque nous allions au village car les habitants ne comprenaient pas le dialecte de l'Est. Cependant, notre qualité de bönpos ne posait aucun problème. Il en était de même dans l'autre monastère bönpo. Le village, situé en contrebas, était habité par des guélougpas et des sakyapas, et tout se passait bien lors des rencontres, même si les moines se sentaient différents.

Dans les années 50, Sangyé Tènzin[6] et moi-même avons quitté le pays Sharwa pour nous rendre tout d'abord au monastère bönpo de Youngdroung ling. Puis, nous avons voulu étudier dans un monastère guélougpa. Drépoung était le plus réputé et nous y avions déjà des amis. Nous étions sept de la même région, Sharkhog. Il y avait aussi un petit nombre de moines guélougpas de la même région. Nous appartenions tous au même pays *(phayul chigpa)*, ce qui, au Tibet, est très important, et a une signification réelle. Ainsi, quand l'un de nous avait un problème et s'adressait à l'un de ses compagnons, celui-ci devait l'aider. Nous habitions ensemble, dans la même « auberge ». Ces grandes universités monastiques comportaient une maison pour les moines de chaque région du Tibet. Dans notre « auberge », il y avait des moines guélougpas et bönpos, mais tous étaient originaires du pays Sharwa.

On ne parlait pas de problème régional au monastère, et pourtant chacun appartenait à une maison désignée par le nom de la région.

5. Université monastique guélougpa, située à proximité de Lhasa.
6. Actuel abbé du Nouveau Mènri, en Inde.

Le fait que nous étions bönpos était reconnu et totalement accepté. Ces grands monastères étaient des lieux tout à fait universels. On pourrait les comparer avec les grandes universités où se rendent des étudiants de toutes les régions, de tous les pays. À Drépoung, il y avait des Mongols, des Ladakhis, des gens de Gyèlrong.
Quand j'étais à Drépoung, le comportement des moines bönpos était similaire à celui des moines bouddhistes. Par exemple, il était impensable que des moines bönpos fassent la circumambulation dans le sens bönpo ; nous étions dans un lieu bouddhiste. Il en allait de même lorsqu'un bouddhiste allait chez les bönpos ; il agissait selon la tradition bönpo, sinon cela aurait été trop difficile pour lui.

À Drépoung, un maître était désigné pour aider l'étudiant-moine pendant environ un an. Il était responsable de son comportement, c'est-à-dire que si le moine faisait une chose contraire aux règles, c'était le maître qui était responsable plutôt que le moine en question. Il conseillait l'étudiant dans le choix de tel ou tel maître pour ses études, il lui trouvait une chambre ; bref, il organisait toute la vie pratique.
Un jour, il nous a conduits, mon compagnon de Sharkhog et moi-même, auprès du maître qui devait nous enseigner. Celui-ci était un Mongol. Il savait que nous n'étions pas guélougpas. Lors de notre rencontre, il y avait une image de Tsongkhapa[7] posée devant lui. Il nous l'a montrée du doigt et nous a demandé : « Croyez-vous en lui ? » C'était une question très brutale. J'ai dit : « Oui. » C'était la première interrogation, et une sorte de formalité. Nous n'en avons jamais reparlé.
Nous nous sentions très différents. En tant que bönpos, nous n'avons jamais réellement participé aux rituels. Nous nous mêlions aux moines, c'est-à-dire que nous pouvions nous asseoir n'importe où, mais nous ne récitions jamais les prières à haute voix. D'une part, nous n'étions nullement obligés de les réciter et, d'autre part, nous en aurions été incapables puisque nous n'avions jamais appris ces textes par cœur.

7. 1357-1419. Fondateur de l'ordre des guélougpas.

Nous étions venus essentiellement à Drépoung pour participer aux débats. Nous avons d'abord étudié la religion bouddhique avant de participer aux débats, mais, par prudence, nous n'avons jamais soutenu ouvertement les thèses bönpos ; cela n'aurait d'ailleurs eu aucun intérêt. Lors des débats, nous utilisions les arguments bouddhiques que nous apprenions.

En théorie, nous aurions dû recevoir les ordinations bouddhiques pour entrer au monastère, mais en pratique nous ne l'avons pas fait. Nous appartenions au collège « Aux multiples portes » (Gomang Dratshang), l'un des quatre grands collèges de Drépoung, où la plupart des moines étaient originaires de Mongolie et d'Amdo. C'était un collège très important qui avait seize « auberges ». Dans les années 50, les moines originaires d'Amdo et de Mongolie ne pouvaient plus venir du fait des problèmes politiques, et le monastère manquait de moines.

De son côté, le collège de Loséling était composé principalement de religieux du Khams. Ces deux collèges étaient les plus grands et il existait entre eux une rivalité très forte qui s'exprimait sur différents plans : connaissance, richesse, pouvoir politique.

On étudiait des textes différents dans ces deux collèges, et chaque année des débats étaient organisés. Ainsi, Loséling envoyait des moines pour débattre avec ceux de Gomang, et *vice versa*. Il y avait donc une confrontation entre les deux manuels que l'on étudiait. C'était très intéressant.

Lorsque nous allions en ville, à Lhasa, la population reconnaissait toujours notre lieu d'origine à notre manière de parler. En revanche, nous n'avions aucun problème d'identité religieuse car nous n'avons jamais montré, à Lhasa, que nous étions bönpos. Nous n'avions aucun signe extérieur qui pouvait nous différencier d'un moine bouddhiste. Les signes de l'identité « visible » avaient disparu ; il ne restait que l'identité « conceptuelle ».

Il y a environ cent mille réfugiés tibétains en Inde, vingt mille au Népal, plus quelques milliers en Occident. Quelle est la situation des bönpos dans la diaspora ?

La situation est différente dans la diaspora. À Dolanji, en Inde, les

moines considèrent qu'ils pratiquent la vraie religion du Tibet, alors que les bouddhistes pratiquent une religion venue de l'Inde. Ces derniers ont donc le sentiment d'avoir rendu le bouddhisme à sa terre d'origine. Ce raisonnement n'est pas tout à fait logique car les bönpos affirment que leur religion vient du pays de Zhang-zhung, région que l'on situe à l'ouest du Tibet et qui fut annexée au VIIe siècle par le Tibet.
L'actuel Dalaï lama reconnaît officiellement cette identité bönpo depuis quelques années. En Inde, le groupe bönpo est très petit, mais il est considéré comme le représentant de la population bönpo du Tibet dont le Dalaï lama a compris l'importance. Il considère que l'unité des Tibétains et leur sentiment d'appartenance à une nation sont fondamentaux.

Qu'en est-il de religieux comme Sangyé Tènzin ou Tènzin Namdak, qui restent profondément attachés à la religion bönpo et qui sont confrontés à l'Occident ?

Je vous parle aujourd'hui comme un chercheur, mais des gens comme Sangyé Tènzin et Tènzin Namdak, ces grands érudits bönpos, sont traditionalistes et pratiquants, et ils ressentent très fortement la différence sur les plans politique, historique et religieux. Tènzin Namdak se sent très fortement bönpo. Il est originaire du Khyoungpo, où le plus grand monastère avait été converti par la force au XVIIe siècle, mais a été repris par les bönpos au XIXe siècle. Tènzin Namdak a établi des centres de méditation et a commencé à enseigner en Occident. En ce sens, il est très fortement conscient qu'il y a une tradition distincte. Les maîtres religieux tibétains actuels en Occident n'insistent pas sur leur région d'origine et se présentent comme tibétains ; en revanche, ils insistent sur leur appartenance à telle ou telle école.
Les Tibétains du Tibet et de la diaspora sont confrontés à des problèmes différents. Au Tibet, les Tibétains se sentent tout d'abord tibétains face à l'occupant chinois, et le sentiment d'appartenance à telle ou telle école a une importance mineure. À l'extérieur, dans la diaspora, les maîtres religieux et les Tibétains

insistent sur leur appartenance à telle ou telle école. L'évolution sur le plan identitaire n'est donc pas la même au Tibet et à l'extérieur.

Propos recueillis par Katia Buffetrille

Pèlerinages et montagnes sacrées

Katia Buffetrille

Malgré le « génocide culturel » et la chape de silence tombée sur le Tibet après l'invasion chinoise, la vie religieuse perdure. Preuve en sont les pèlerinages autour des montagnes sacrées. Plus que l'expression d'une ferveur populaire, cette pratique unit l'identité et la culture de tout un peuple. Comment les Tibétains vivent-ils cette pérégrination au quotidien ? Quels en sont les rituels ? Le meilleur moyen de le découvrir est de les accompagner. Alors, en route.

Le Tibet a connu, à ce jour, quarante ans de colonisation par la Chine ; quarante années de répression qui ne semblent pas avoir entamé la ferveur religieuse populaire. Pour la plupart des Occidentaux, Tibet rime avec bouddhisme ; mais c'est oublier l'importance du Bön, religion qui coexiste avec le bouddhisme, et aussi la présence d'une religion populaire qui ne respecte pas toujours les préceptes bouddhiques : ce qui explique pourquoi la chasse a toujours été pratiquée et également pourquoi, jusqu'à une date récente, des sacrifices d'animaux ont été perpétrés.

Comment un pays qui a connu ce qui a été qualifié de « génocide culturel » continue-t-il à vivre ? Que reste-t-il des croyances, des rituels ? Y a-t-il de nos jours une identité tibétaine et comment s'exprime-t-elle ?

Le Pays des Neiges existe encore, non seulement à l'extérieur par la voix de son représentant, le Dalaï lama, ou par celle de la diaspora et des Occidentaux, mais aussi et surtout à l'intérieur, avec le peuple tibétain. Les destructions d'édifices religieux ont été multiples, les souffrances, immenses ; cependant, la culture tibétaine n'est pas encore morte.

À la suite de l'invasion chinoise au début des années 50, le silence tomba sur le Toit du monde. Les rumeurs les plus alarmantes se répandirent alors en Occident. À partir de 1980, les autorités chinoises laissèrent quelques étrangers entrer au Tibet ; ceux-ci furent confrontés à des spectacles de ruine et de destruction. Toutefois, en même temps, ils constataient que des fondations religieuses avaient survécu, que d'autres étaient restaurées. Surtout, le peuple tibétain était là, présent, et, au milieu des champs de ruines, les pèlerins affluaient.

D'un côté, il y avait un spectacle de mort et d'oubli ; de l'autre, un phénomène religieux animé d'une vitalité étonnante : le pèlerinage. Ainsi, dès 1981, on croisait des camions chargés de pèlerins qui venaient de la lointaine province de l'Amdo (le Tibet oriental) ; et, en 1985, j'ai rencontré des hommes et des femmes qui gagnaient Lhasa en se prosternant tout au long des centaines de kilomètres du chemin.

Le pèlerinage s'affirme comme un phénomène très vivant. Je ne connais pas un Tibétain qui n'ait, un jour ou l'autre, entrepris une pérégrination, souvent lointaine, qui le conduit à s'absenter des mois, parfois même des années.

Pèlerinage et pèlerins

Le pèlerinage est une fête. Il permet aussi une activité économique à petite échelle où l'on échange des produits agricoles contre des produits laitiers, où l'on achète de la nourriture et des objets utilitaires régionaux ou religieux, des reliques. Dans un pays aussi vaste, où la majeure partie de la population était illettrée, les connaissances, les nouvelles, se transmettaient oralement, par l'intermédiaire des voyageurs. Les pèlerins avaient donc un rôle important. De nos jours encore, ils font fonction de messagers. Durant les époques où les autorités chinoises permettent aux Tibétains de se rendre en pèlerinage en Inde ou au Népal, les nouvelles se propagent.

Les pèlerinages permettaient d'échapper aux différentes contraintes et obligations de la vie sociale ; ils favorisaient donc la mobilité et, par là même, les migrations. Actuellement, le pèlerinage est souvent l'excuse invoquée pour fuir l'oppression chinoise. Nombreux sont les réfugiés nouvellement arrivés au Népal qui ont pris prétexte du pèlerinage au Kailash pour rejoindre la région de Houmla, au Népal occidental.

Tout pèlerinage implique un voyage. La langue même exprime cette propension à se déplacer, puisqu'en langue classique un homme est appelé *drowa*, « celui qui marche ». Un pèlerinage doit, en principe, s'effectuer à pied, tout au moins si l'on suit les préceptes bouddhiques qui proclament que les mérites gagnés sont quasiment inexistants si l'on monte à cheval. Certains disent même préférer mourir plutôt que d'utiliser une monture pour se rendre dans un lieu de pèlerinage, quelles que soient les difficultés. C'est pourquoi il existe généralement, près des temples et des monastères, un *stupa* qui indique la limite jusqu'où l'on peut aller à cheval sans commettre un acte trop répréhensible.

Les pèlerins sillonnaient (et sillonnent toujours) les chemins, indifférents, semble-t-il, à l'inconfort, au froid et aux dangers divers, avec un seul but, celui d'atteindre le lieu de pèlerinage désiré, ce qui ne les empêche nullement de visiter tous les autres sites sacrés le long du chemin. Autrefois, le nombre des dévots était tel que, par exemple, de juin à septembre, lors du pèlerinage autour de la chaîne de montagnes du Khawa Karpo, au Yunnan, J. Bacot[1] constatait, au début du siècle, que « les habitants changeaient les ponts tous les deux ou trois jours ». Au monastère de Koumboum, en Amdo, le père Huc observait, au XIXe siècle, qu'« il n'est pas de jour qui ne soit signalé par l'arrivée ou le départ de quelques pèlerins et, lors des fêtes, l'affluence est immense ». Quant à G. Tucci, célèbre tibétologue italien, il effectua en 1935 le circuit rituel autour du mont Kailash, au Tibet occidental, « perdu au milieu des colonnes de pèlerins ».

On ne part qu'un jour faste. Chacun revêt alors ses plus beaux vêtements : pelisse en laine ou en peau, chapeau bordé de fourrure

1. 1877-1965. Il commença sa carrière comme explorateur (il fit son premier voyage à l'est du Tibet en 1907), puis il poursuivit une formation universitaire et enseigna par la suite le tibétain à l'École pratique des hautes études. Il est l'auteur de plusieurs livres, d'articles et d'une grammaire tibétaine.

de renard ; les femmes arborent leurs bijoux de turquoise, d'ambre et de corail ; tous portent en travers de la poitrine un reliquaire abritant la statue ou l'image d'un saint ou d'un grand religieux ; nombreux sont ceux qui égrènent leur chapelet et tournent leur moulin à prières.

Les pèlerins se rendent à Lhasa, la ville sainte du bouddhisme tibétain, dans les temples, dans les monastères, mais aussi auprès des montagnes sacrées, dont ils font la circumambulation. En 1990, après plus de quarante ans d'occupation chinoise, on pouvait voir des centaines de pèlerins autour de l'Amnyé Machèn (au Tibet oriental) ou du Kailash.

Autour de l'Amnyé Machèn

Au nord-est du Tibet, dans l'ancienne province de l'Amdo (divisée aujourd'hui pour la majeure partie entre les provinces chinoises du Qinghai, et aussi celles du Gansu et du Sichuan), s'élève une chaîne de montagnes, l'Amnyé Machèn, dont le plus haut sommet dresse ses 6 282 mètres. La circumambulation de la montagne est de 180 kilomètres et les pèlerins l'effectuent soit en sept jours à pied, soit en trois jours à cheval, et en quarante jours s'ils se prosternent. En octobre 1990, j'ai mis huit jours à pied. C'était mon deuxième pèlerinage après celui autour du mont Kailash, à l'extrême ouest du pays, où je m'étais rendue en juillet de la même année.

Peu d'individus s'aventuraient, jadis, dans ce territoire habité par une population nomade, les Goloks, « Têtes retournées », c'est-à-dire rebelles, dont le caractère belliqueux fut confirmé par tous les voyageurs, tibétains et occidentaux. Les Goloks interdisaient l'accès à cette région et tuaient quiconque approchait de la partie ouest du Fleuve Jaune. Les histoires les plus terrifiantes circulaient sur leur compte. Ne disait-on pas qu'ils mangeaient le cœur de leurs prisonniers afin d'entretenir et de fortifier leur bravoure ou que, lorsqu'ils se déplaçaient, les vautours les suivaient ? Seuls les commerçants originaires de Songpan, bourgade située au sud-est de la boucle du Fleuve Jaune, à vingt-huit jours de marche du lac Kokonor, osaient traverser cette région. Pour assurer leur sécurité, ils se regroupaient et formaient de grandes caravanes. À leur tour, les explorateurs occidentaux connurent de nombreuses difficultés, souvent dues à leur méconnaissance, parfois aussi à leur manque de respect des coutumes locales : l'expédition Dutreuil de Rhins se fit attaquer en 1891 et ce dernier fut tué. Plus tard, en 1940, le voyage de Guibaut et Liotard se déroula dans la peur et l'attente de la rencontre avec les Goloks, pour s'achever avec la mort de Liotard, tué par balles au sommet d'un col. Mais les temps ont changé, et si l'aspect extérieur des Goloks, avec leur longue natte et leurs armes, est toujours redoutable et peut impressionner, je n'ai rencontré auprès d'eux que sympathie et aide.

En octobre 1990, les pèlerins sont très nombreux. La plupart sont venus là pour la première fois car, à la suite de l'occupation chinoise, les pèlerinages, comme toute autre manifestation religieuse, ont été interdits. Tous les douze ans, une année particulièrement faste pour certains sites de pèlerinage décuple, dit-on, les mérites acquis, et ce grand pèlerinage de l'année cheval, qui est celle de l'Amnyé Machèn mais aussi du Kailash, est le premier depuis des décennies.

Les journées de marche en compagnie des pèlerins sont très irrégulières. Elles peuvent durer de quatre à huit heures. Le chemin, situé à une altitude moyenne de 4 300 mètres et généralement assez large, longe parfois la chaîne de l'Amnyé Machèn, parfois s'en éloigne. Il y a peu de montées ou de descentes abruptes.

Contrairement à ce que j'avais toujours entendu dire et à ce que j'avais vu au Kailash, la plupart des pèlerins sont à cheval, et un grand nombre portent des fusils.

Trois accès conduisent au chemin de dévotion. L'un d'eux commence au nord-ouest. Partant d'une ancienne commune populaire, le sentier rejoint, en quelques heures de marche, le chemin de circumambulation. Deux Goloks, fusil en bandoulière, chevauchent au pas tranquille de leurs bêtes et fêtent leur départ en pèlerinage en buvant force alcool local. Ils traversent, à cheval, la rivière qui les sépare du point de départ du pèlerinage et là, ils sont accueillis par des compagnons qui tirent plusieurs coups de fusil en l'air en guise de bienvenue, déclenchant la panique des chevaux. Ils établissent leur camp. Une dizaine de pèlerins, hommes et femmes, effectuent plusieurs tours rituels autour d'un gros rocher décoré de drapeaux de prières, tout en tirant leurs chevaux ; quelques hommes déposent dans un large foyer en pierres du bois de genévrier en offrande au dieu de la montagne. Les pèlerins continuent d'affluer alors que l'obscurité est déjà à peu près complète. Certains montent au monastère de Gourou qui se dresse à une demi-heure de marche, au sud-ouest. À la nuit tombée, une dizaine de chiens prennent possession du territoire et, au milieu du concert de leurs aboiements, un homme poursuit sa ronde dans le froid en récitant une prière (le thermomètre indique moins dix sous l'auvent de la tente).

Premier jour. - Tôt le matin, alors que le jour n'est pas encore levé (il ne se lève qu'à sept heures en cette saison) et que le froid est vif, les pèlerins allument des feux et préparent thé et farine d'orge grillée. Après une rapide collation, ils démontent les tentes, plient bagages et bâtent les yacks. Leur dextérité témoigne d'une grande habitude. Puis, après une dernière circumambulation autour du foyer, ils s'engagent sur le chemin.

La vallée est large à cet endroit et recouverte, en cette saison, d'une végétation rase. Des campements nomades sont installés sur les versants. Au sud, se dressent des montagnes enneigées et, si la plupart des pèlerins ignorent leur nom, c'est qu'à leurs yeux cela n'a pas grande importance. Un Golok accompagné de quatre enfants, à la tête d'une caravane de quinze yacks, attend ses amis, deux femmes et un moine qui font le pèlerinage en se prosternant.

Les pèlerins se succèdent, à cheval ou à pied, laïcs ou religieux. Six moines, chargés d'un minimum de bagages et désirant effectuer le pèlerinage en cinq jours, marchent d'un pas vif. La plupart des laïcs ont revêtu des habits neufs. Les nomades d'un même campement restent ensemble et ne se mêlent pas aux autres.

Aujourd'hui, je partage la vie d'un groupe d'une vingtaine de Goloks laïcs et de cinq religieux. Arrivés au camp, les yacks sont débâtés et les tentes montées en un instant. Ce ne sont pas les tentes noires en laine de yack, mais de fines tentes blanches en coton, de taille modeste, servant pour les déplacements. Leur structure est différente de celle des tentes noires. Une barre de faîte est soutenue en son centre par un mât vertical qui se trouve ainsi au centre de l'espace intérieur. À l'extérieur, les tendeurs sont directement fixés au sol par des piquets. Le feu est généralement installé à l'entrée.

Ce soir-là, dans ce campement golok, hommes et femmes restent séparés. Dans la tente où demeurent femmes et enfants, sept personnes se pressent autour du feu et la soirée se passe à plaisanter, à rire et à boire du thé.

Deuxième jour. - Six heures : les pèlerins se réveillent. Préparation du thé, démontage des tentes et bâtage des yacks ne demandent qu'une heure. La marche est entrecoupée d'arrêts fréquents durant lesquels les dévots rajustent les charges des animaux. Parvenus à un col situé face au versant nord de l'Amnyé Machèn, les pèlerins, nombreux ici, marquent un long temps d'arrêt.

Ce col est signalé par un cairn[2] recouvert de multiples drapeaux de prières. Les hommes brûlent du genévrier, lancent les « chevaux du vent » pour appeler sur eux la prospérité. Ces petits carrés de papier sont ornés, aux quatre coins, du dessin d'un aigle, d'un dragon, d'un yack et d'un tigre, tandis qu'un cheval occupe le centre de l'image. Tous, hommes et femmes, ramassent des pierres qu'ils conservent ensuite chez eux comme reliques ou déposent par la suite à l'intérieur d'un stupa pour apporter protection et abondance à la communauté. Puis ils descendent auprès d'un point d'eau situé juste au pied du col, dans lequel ils prennent de la terre qu'ils font sécher afin de l'utiliser à des fins médicinales.

Le soir, après avoir traversé à gué la rivière, de nombreux pèlerins plantent leur tente. Rares sont ceux qui franchissent la rivière à pied. Les chevaux sont mis à contribution et, si nécessaire, effectuent plusieurs passages. Sur la colline qui surplombe la rivière, des nomades surveillent leurs troupeaux.

2. Tas de pierres.

Troisième jour. - Six heures : départ désormais coutumier. Peu après, quelques pèlerins s'arrêtent auprès d'un mur construit avec des pierres gravées de la formule rituelle *om mani pémé houm*, dédiée au *bodhisattva*[3] Avalokiteshvara, le protecteur du Tibet. Je marche en compagnie d'un groupe de sept Goloks : un vieil homme à cheval, deux jeunes couples et deux moines à pied. À la mi-journée, une heure d'arrêt permet aux jeunes femmes de préparer le thé et la farine d'orge grillée. Un groupe de cavaliers s'arrête à proximité. L'homme vient demander quelques braises qui lui sont obligeamment offertes. Trois femmes, un jeune homme et un enfant se tiennent à ses côtés. Il allume le feu, elles préparent une grande marmite de thé. Avant de le servir, l'homme remplit une louche et lance en l'air, dans les quatre directions, quelques gouttes de thé en offrande aux dieux.

Les pèlerins repartent. La route descend une vallée assez large jusqu'à atteindre le confluent de deux rivières. C'est, au nord-est, l'un des accès au chemin de pèlerinage. Un grand stupa entouré d'un mur y a été érigé. Il semble neuf mais en remplace peut-être un plus ancien. Après avoir attaché leurs chevaux, les pèlerins retirent leurs chapeaux, les posent sur le sol, puis se prosternent devant le stupa. Ils en effectuent ensuite le tour avant de faire celui de l'enceinte, puis celui du mur de *mani*[4] construit au-dessus. Commence alors la remontée d'une rivière. Les versants de la vallée, plus encaissée que la précédente, sont, ici, recouverts d'une forêt clairsemée.

Sous une petite tente plantée au bord du chemin, unique manifestation de commerce, un homme fabrique des moulins à prières de facture très médiocre.

Un peu plus loin, le lama golok du monastère de Gourou a choisi de s'installer au lieu-dit « les Armes ». De nombreux dévots lui rendent hommage en lui offrant une écharpe cérémonielle et de l'argent.

À proximité de ce lieu, sur un gros rocher, on peut voir

3. Être humain ou mythique ayant atteint l'éveil mais qui, au seuil de la libération définitive *(nirvana)*, y renonce dans le but de sauver les autres êtres.
4. Mur de pierres sur lesquelles est gravée la formule rituelle : *om mani pémé houm.*

l'empreinte d'une main que des moines m'ont dit être celle du frère aîné de Guésar, le héros de la célèbre épopée tibétaine[5]. La plupart des pèlerins passent devant sans y prêter attention, mais des religieux goloks, après avoir recouvert l'empreinte d'encre noire, l'impriment sur un tissu blanc.

Le soir, le campement est installé en surplomb. Les bêtes, lâchées pour brouter, sont rassemblées à la nuit tombante. C'est ce moment que choisit un groupe de pèlerins pour s'établir en contrebas. Dans la nuit, leurs chants, leurs rires, les coups de fusil, s'entendent au loin. Mes compagnons d'un jour semblent indifférents au bruit. Le vieil homme reste en silence auprès du feu ; les deux femmes préparent de nombreux raviolis fourrés de viande pendant que les jeunes hommes s'occupent du feu.

Quatrième jour. - Tous les pèlerins partent encore plus tôt que d'ordinaire, mes compagnons d'un soir aussi, sans un mot, sans un adieu. Le chemin conduit à un lieu appelé « Basse-Terre vermillon noir », ainsi nommé car on y trouve de la terre rouge et noire. C'est le troisième point d'accès à la route de pèlerinage, en venant de la préfecture golok de Machèn, au sud-est. Là se dressent deux grands cairns recouverts de drapeaux de prières. Les pèlerins, hommes et femmes, se prosternent au pied d'une falaise puis ramassent un peu de terre qu'ils déposent précautionneusement dans un tissu propre. Ensuite, les hommes montent sur une colline pour offrir une fumigation de genévrier. À proximité du foyer, un lama *bönpo*, installé sous une tente, exécute un rituel à l'Amnyé Machèn en compagnie de quatre tantristes bönpos. Ces derniers tournent autour de la montagne dans le sens bouddhique (celui des aiguilles d'une montre), alors qu'en général les bönpos tournent en sens inverse. Un certain nombre de pèlerins, hommes et femmes, se pressent à l'entrée de la tente. Mais seuls les hommes se rendent auprès des cairns et ajoutent de nouveaux drapeaux de prières.

Des pèlerins arrivent à tout moment du bourg de Machèn et,

5. Cycle épique dont de multiples versions sont connues. Son origine est localisée au nord-est du Tibet et semble dater de la fin du XIVe siècle ou du début du XVe siècle. Voir *supra* l'article de G. Dreyfus.

indifférents aux rafales de neige, préparent le thé au bord de la route.

De là, le chemin oblique vers le sud et traverse de vastes pâturages. Peu après, au pied d'une falaise, sont érigés une succession de mâts reliés entre eux par de multiples drapeaux de prières. Les pèlerins gravissent ensuite la falaise, pénètrent dans une première grotte où ils ramassent un peu de terre, déposent quelques pièces de monnaie en offrande ; ils gagnent alors une seconde grotte dont l'entrée est fermée par un rideau de drapeaux de prières, font quelques offrandes, ressortent et retrouvent alors le chemin qui les mène auprès d'un gros genévrier ceint de drapeaux de prières dont ils font le tour. Nombreux sont les pèlerins qui campent non loin de ce site sacré. Ce soir-là, trois d'entre eux viennent spontanément m'aider à allumer le feu et, de ce moment, l'une des familles de ce groupe me prend sous sa protection.

Cinquième jour. - Les pèlerins s'arrêtent au bout de trois heures de marche, sur la colline surplombant le chemin. Je trouve un emplacement réservé pour la tente de l'« étrangère », à proximité de celle de ma famille d'accueil. Le thé, la farine d'orge grillée sont servis à volonté, mais il n'y a pas de viande car mes hôtes ont fait vœu de s'en abstenir.

Notre groupe compte sept tentes. Si, pendant les journées, les pèlerins marchent au gré de leur humeur avec tel ou tel membre du groupe, au camp, chaque famille se regroupe autour de son propre feu. Ces trente nomades laïcs appartiennent au même campement situé au nord-est de l'Amnyé Machèn. C'est leur premier pèlerinage.

La journée est belle. Quelques femmes entreprennent des travaux de raccommodage des tentes et des vêtements ; une vieille femme se prosterne en direction de l'ouest ; d'autres nomades discutent, plaisantent. Certains parmi eux fument une pipe « chinoise » dont le long tuyau fin (d'environ 30 centimètres) recouvert d'argent se termine par un petit fourneau. Mon hôte a, avec lui, un guide de pèlerinage et désire vérifier s'il est similaire au mien. Il détient également un petit papier qu'il utilise fréquemment, écrit de la main de l'un de ses amis qui a fait le pèlerinage plus tôt dans l'année. Ce dernier a noté de manière très approximative, parfois même phonétiquement, les noms d'un certain nombre de sites sacrés en précisant à chaque fois les rites à accomplir :

- À Tshèlnag khamdo, il faut brûler du genévrier.
- À Drölma boumchou, recueillir de l'eau.
- À Tamchog gongpa, la porte sud, lancer les chevaux du vent, accrocher des drapeaux de prières et brûler du genévrier.
- À Gökou chènmo, la porte ouest, il faut brûler du genévrier, lancer les chevaux du vent, accrocher des drapeaux de prières et porter les pierres de bonté de père et mère.
- À Dradul Wangchoug, la porte nord, il faut brûler du genévrier, lancer les chevaux du vent, accrocher des drapeaux de prières.
- À Drogdou nyagkha, il faut brûler du genévrier, ramasser des pierres.
- À Chouwarna, la porte est, il y a un stupa.

Sixième jour. - Tous les pèlerins sont debout à cinq heures. Une montée assez régulière conduit à un col appelé « Cheval excellent ». Il est situé au sud de la chaîne de l'Amnyé Machèn, et est marqué par un grand mât duquel partent de nombreuses cordes. D'innombrables drapeaux de prières y sont accrochés qui forment ainsi une structure en parasol.

Là, tous les pèlerins se prosternent, puis les hommes accrochent de nouveaux drapeaux de prières, brûlent du genévrier, lancent les chevaux du vent. Ils arrachent quelques crins à la crinière de leurs chevaux et les déposent sur un monticule de crânes, crins et rênes de chevaux morts - généralement à la suite d'une épidémie. On dit que ce geste prévient la mort d'autres chevaux et permet d'obtenir rapidement un nouvel animal. Hommes et femmes font ensuite de nombreuses circumambulations en tirant leurs chevaux.

Du col, le chemin traverse une vaste plaine dominée par une montagne enneigée. De petits lacs y sont disséminés et représentent, dit-on, des offrandes faites à Amnyé Machèn. Une jeune fille, âgée d'une dizaine d'années, passe de groupe en groupe pour mendier. Accompagnée de sa mère et d'une autre femme, elles se prosternent et quémandent leur nourriture au long du chemin. Les pèlerins sont généreux en nourriture, mais aussi en argent, et il faut que l'un d'eux les accompagne à leur campement pour les aider à porter les diverses offrandes. Un religieux, à cheval, passe, murmurant ses prières tout en tournant un moulin à prières.

Continuant vers l'ouest, les pèlerins arrivent devant un petit lac situé peu avant un massif rocheux couvert de nombreuses saillies. Les montagnes enneigées se reflètent dans le lac : tous restent longuement en contemplation. L'un des pèlerins, fait surprenant, prend deux photos. Il m'incite à faire de même sans m'en expliquer la raison.

La plupart d'entre eux, après avoir fait la circumambulation du lac, poursuivent leur chemin en contournant les rochers. D'autres continuent jusqu'au pied de la falaise. C'est là, dans un renfoncement prolongé par de petits murs de pierres que demeura un célèbre yogi, Shabkar, lors de la retraite qu'il fit à l'Amnyé Machèn. Après plusieurs prosternations devant la « grotte » de ce grand mystique, les pèlerins repartent. Des cairns bordent le chemin de place en place et certains pèlerins y ajoutent une pierre.

Ce soir-là, le campement est établi dans un vallon, au bord d'une rivière. Alors que quelques hommes emmènent les animaux brouter un peu plus loin, les femmes s'occupent du feu. Près de la rivière, d'autres hommes et des enfants jouent à qui lancera des cailloux le plus loin.

Septième jour. - Au matin, le silence est total. Chacun attend dans sa tente que la neige arrête de tomber si dru. Vers huit heures, les pèlerins allument les feux et, après quelques bols de thé, partent dans le paysage immaculé.

Juste avant le col, on discerne des drapeaux de prières accrochés à des mâts érigés sur une pente. Peu après, non loin du chemin, s'élèvent de nombreuses dunes de sable. Ce lieu est appelé « Éparpiller l'orge comme du sable ». Arrivés au bord d'une rivière, tous les pèlerins se dirigent légèrement en amont pour atteindre une source signalée par des drapeaux de prières. Ils se prosternent, boivent et recueillent de l'eau, ramassent des cailloux.

Non loin se dressent de grands mâts, reliés entre eux par de multiples drapeaux de prières et, au-dessus, sur la falaise, s'ouvre une grotte. Les hommes, et uniquement eux, ajoutent de nouveaux drapeaux de prières. Chargés d'une énorme pierre qu'ils portent généralement sur le dos, la plupart des hommes et des femmes font plusieurs tours rituels autour du site sacré. Ils montent ensuite à la grotte et ramassent de la terre et des pierres.

Poursuivant alors leur chemin, les pèlerins installent leur campement avant le col, sur une pente raide, ce qui est habituel et permet d'éviter de s'allonger sur un sol mouillé. La tempête contraint alors chaque famille à se réfugier dans sa tente, où chacun plaisante, rit et rêve parfois aux ventrées de viande qu'il s'offrira à la fin du pèlerinage.

Huitième jour. - À six heures, les pèlerins attaquent la montée du col suivant. Plus bas, dans la vallée, tous s'arrêtent au site nommé la « Balance et le miroir de Yama ». Dans la falaise est creusé un conduit exigu appelé « chemin de l'enfer ». Ces chemins de l'enfer sont l'une des constantes des lieux de pèlerinage. Ils se présentent souvent comme d'étroits boyaux creusés dans la roche ou bien des passages étroits entre deux rochers. Leur franchissement purifie le dévot de ses péchés et lui assure une traversée aisée de la période intermédiaire entre la mort et la renaissance *(bardo)*. De multiples drapeaux de prières accrochés à la roche en cachent l'entrée. Après avoir soulevé cette lourde tenture, tous le traversent en rampant. Puis la plupart d'entre eux s'accrochent à une saillie de la falaise, jambes repliées et tête renversée afin, disent-ils, de peser leurs péchés. Ils accomplissent ainsi un rite qui leur évitera, quand ils seront dans le bardo, de rendre compte à Yama, le dieu de la mort, de leurs bonnes et de leurs mauvaises actions commises au cours de cette vie. Il s'agit d'une sorte de répétition, dans le monde des vivants, des épreuves que l'homme connaîtra après sa mort et qui l'aidera dans ce moment difficile lorsque, face à Yama, il verra le dieu né avec lui compter ses actions bénéfiques avec des cailloux blancs, et le démon né avec lui compter ses actions maléfiques avec des cailloux noirs. Alors Yama consultera le miroir du *karma* dans lequel tout acte (bon ou mauvais) se reflète. Le défunt n'aura plus aucune échappatoire ; aucune dérobade, aucune excuse ne seront plus possibles, et on comprend la peur qui étreint le mort « pas tout à fait mort », mais aussi le vivant, devant ce passage étroit.

Ensuite, les pèlerins descendent légèrement en contrebas et soulèvent d'énormes pierres. Ainsi chargés, ils font le tour d'un mur de mani. Le poids des pierres est tel que des hommes doivent souvent poser le rocher sur le dos des femmes. Il arrive aussi que deux femmes s'entraident pour porter une même pierre. Un religieux grave, d'une main experte, sur une pierre qu'il rajoute ensuite sur le mur, la formule rituelle dédiée à Avalokiteshvara.

Après quelques heures de marche, les dévots arrivent au bord de la rivière d'où j'avais commencé le pèlerinage. Peu après, ils parviennent au site sacré, lieu de mon premier campement. Ceux pour qui le pèlerinage est terminé montent au monastère de Gourou, tandis que les autres poursuivent leur chemin.

Ainsi se déroula, au neuvième mois tibétain de l'année fer-cheval, le pèlerinage autour de l'Amnyé Machèn.

Le dieu du terroir

La tradition nous dit qu'au VIIe siècle le grand roi Songtsèn Gampo, sous l'influence de deux de ses épouses, la Chinoise Wengchèn et la Népalaise Brikouti, favorisa l'implantation du bouddhisme au Pays des Neiges. En fait, le bouddhisme ne devint religion d'État qu'au siècle suivant, sous le roi Trisong Détsèn. Invité par le monarque, le saint indien Padmasambhava vint au Tibet. Ce n'est qu'après de nombreuses luttes contre les divinités locales, puis leur soumission, que le bouddhisme put s'établir. Car le bouddhisme n'est pas arrivé sur une terre vierge ; une autre religion existait, qui était axée principalement sur le culte des divinités-montagnes.

Dans le monde tibétain, les montagnes représentent une réalité géographique, mais elles constituent, en outre, un substrat religieux indestructible. Ces montagnes vers lesquelles se dirigeaient, et se dirigent toujours les pèlerins, étaient des montagnes considérées, traditionnellement, comme les dieux du terroir. Ce dieu du terroir est déjà mentionné dans les manuscrits de Dunhuang (VIIIe-Xe siècle).

Le dieu du terroir, dieu-montagne, est un dieu du sol, maître d'un territoire déterminé. Il est spécifique d'un village, d'une fédération politique, d'un territoire. Un dieu du terroir plus puissant peut se trouver à la tête de l'ensemble d'une région et donc coiffer plusieurs autres dieux du terroir moins importants. Il est un ancêtre-fondateur, généralement considéré comme l'ancêtre de la population vivant sur son territoire ; le nom qui lui est souvent attribué, *amnyé*, « ancêtre », le souligne.

Les diverses études menées convergent sur l'anthropomorphisme de ces dieux du terroir et leurs représentations le confirment. Il est figuré sous l'aspect d'un dieu guerrier, « dieu qui soumet les ennemis », portant casque et armure. Il est le plus souvent de sexe masculin. Il est considéré comme un être humain avec ses qualités et ses défauts ; satisfait s'il est réjoui (il aime que l'on montre sa force, son courage, que l'on parle bien, que l'on danse, etc.), il peut en revanche, s'il n'est pas honoré convenablement, exprimer son mécontentement en envoyant des orages, de la grêle, voire d'autres calamités.

Les relations que les dieux du terroir entretiennent entre eux sont calquées sur celles de la société humaine. Ils ont des liens de parenté : des montagnes ont pour père et mère deux autres montagnes. Certaines se marient entre elles ; mais il arrive aussi que des montagnes forment un couple avec des humains. Une légende raconte qu'il y a très longtemps, à Damshoung, au nord de Lhasa, une jeune fille s'apprêtait à rejoindre son futur époux. Les parents et amis qui escortaient la future mariée à cheval décidèrent qu'il n'était pas nécessaire de la recouvrir d'un châle blanc ainsi que le veut la coutume. Le cortège s'ébranla. Tout au long du chemin, chacun put constater la présence de la mariée mais, lorsque le groupe arriva chez le fiancé et qu'on voulut aider la jeune fille à descendre, il n'y avait plus personne. Plus tard, certains la virent dans la région. Elle avait un aspect étrange et elle expliqua que la montagne Nyènchèn Tanglha l'ayant prise pour reine, elle ne voulait plus regagner le monde des humains.

Les montagnes commettent parfois l'adultère. On raconte que deux montagnes de l'est du Tibet étaient mariées entre elles. L'épouse tomba amoureuse d'Amnyé Machèn et eut un fils illégitime. Furieux, son mari lui coupa les seins ; la blessure, dit-on, se verrait encore aujourd'hui. Le vainqueur fit alors d'Amnyé Machèn son tailleur.

Il existe également divers récits de combat entre deux montagnes dieux du terroir, comme celui qui opposa Amnyé Machèn et

Amnyé Nyènchèn. Le premier était devenu le protecteur de l'école des *guélougpas* alors que le second était resté celui de l'école ancienne *(nyingmapa).*

Le rôle du dieu du terroir est fondamental : il assure la protection des hommes vivant sur son territoire mais il n'aime pas que ceux-ci laissent entrer les étrangers. Il faut respecter son domaine lorsqu'on le traverse, sinon il se venge. Il est soumis aux fluctuations des victoires et des défaites de la communauté qu'il protège : en Amdo, dans la région de Sharkhog, quand une tribu perd la bataille, on pense que le dieu du terroir aussi a perdu.

Les droits d'un groupe sur un territoire dépendent de lui. Il est le garant de l'ordre et de la prospérité du pays, et le propriétaire de tous les animaux sauvages vivant dans la montagne ou dans les forêts proches ; si on ne peut y chasser, on peut y faire paître le bétail. Cependant, certains hommes transgressent cet interdit et, si quelques-uns en meurent, d'autres survivent, car ils bénéficient de la protection du dieu du terroir : ils sont ses « élus ».

Le culte du dieu du terroir et ses implications

Ce culte au dieu du terroir, qui a précédé le bouddhisme, est pratiqué essentiellement par les laïcs, et s'est poursuivi jusqu'à l'occupation chinoise. On sait qu'il a repris depuis peu, au moins dans certaines régions du Tibet.

Le dieu du terroir fait, traditionnellement, l'objet d'un culte quotidien. De plus, tous les ans (parfois deux fois par an), un culte plus important était - et est parfois à nouveau - célébré sur la montagne. Le rituel essentiel, réservé aux hommes, consiste en une offrande de fumigation de genévrier, qui a vocation purificatrice. Malgré quelques variantes régionales, les caractéristiques essentielles sont les mêmes.

Les habitants de Kongtsa, village au nord de la montagne sacrée de Tsibri (au Tibet méridional), le célèbrent au quinzième jour du cinquième mois tibétain (juin-juillet). Leur dieu du terroir réside sur une colline rocheuse qui se dresse à l'ouest de la montagne sacrée. C'est un endroit si escarpé qu'un jour où le gardien du monastère voisin installait des drapeaux de prières, il tomba dans le vide, mais il eut le temps, m'a-t-on affirmé, de crier où se trouvait la clé du monastère. Tous ceux qui ont voyagé dans le monde tibétain et visité des monastères savent combien est importante la présence du gardien, seul détenteur de la clé.

Autrefois, un homme par famille se rendait à la cérémonie, à cheval, portant un étendard toujours plus petit que celui du chef du village. Les participants se rendaient directement sur le lieu de culte, sur le versant de la montagne. Ils offraient une fumigation de genévrier, récitaient une invocation au dieu du terroir et lançaient les chevaux du vent en papier, chacun appelant sur lui la prospérité. En effet, s'il est un dieu qui peut donner à l'homme les biens mondains qu'il souhaite, c'est le dieu du terroir. Celui dont les chevaux du vent passaient au-delà de la crête était assuré que le dieu accédait à sa demande. Les participants criaient alors victoire et levaient leurs épées en l'air. Les moines exécutaient un rituel pour le dieu, puis tous se rendaient ensuite au monastère. La journée s'achevait sur diverses compétitions : courses de chevaux, tir au fusil.

Ce rituel fondait traditionnellement l'organisation politique. Dans la vallée de Choumbi (au Tibet méridional), au début du siècle encore, le pouvoir des chefs était octroyé par ce dieu. Ce dernier s'exprimait à travers le lancement de dés qui décidait du choix du chef, lors d'une cérémonie qui se déroulait devant un autel en pierres situé sous un arbre consacré au dieu. Le chef désigné devenait le maître du sol, mais sur un territoire déterminé. Il y avait donc ainsi la possibilité d'émergence d'individus qui pouvaient, à leur tour, remettre en cause le pouvoir existant. L'idée de différence individuelle était très présente. Il s'agissait de plaire au dieu, de réaliser des exploits, de montrer sa force physique, ses talents d'orateur.

Ce rituel exprimait un lien très fort entre le temporel et le religieux. Cela explique pourquoi les autorités bouddhiques religieuses et politiques ont manifesté un tel intérêt pour ce rituel. De même qu'un État centralisé tolère mal l'indépendance des pouvoirs locaux, de même les autorités tibétaines ne pouvaient guère admettre la désignation des chefs locaux au nom du dieu. Pas plus qu'elles ne pouvaient accepter les dieux du terroir, elles ne pouvaient, sous peine de violente opposition, les supprimer tout à fait. C'est pourquoi la solution retenue fut celle de la bouddhisation qui conduit à la transformation d'une montagne dieu du terroir auquel les hommes rendent un culte une ou deux fois par an, sur le versant de la montagne, en une montagne lieu saint bouddhique dont on fait la circumambulation. En fait, les bouddhistes n'ont pas cherché à évincer les dieux du terroir mais à les récupérer pour en faire des protecteurs de la doctrine, tout en leur conservant de nombreux caractères spécifiques. Les montagnes dieux du terroir furent alors délibérément transformées en montagnes lieux saints : des cultes nouveaux et la pratique de la circumambulation matérialisèrent et garantirent cette mainmise.

Le processus de bouddhisation

Le processus de bouddhisation se traduit par la soumission de l'espace, des êtres et du temps.

Il consiste, tout d'abord, dans une appropriation rituelle de l'espace, dans laquelle les sources écrites jouent un rôle important. Aux pèlerinages est liée toute une littérature. Il existe un ou plusieurs guides consacrés à la plupart des lieux saints. Ces ouvrages ne sont pas des guides au sens où nous l'entendons en Occident. Ceux qui concernent les montagnes sacrées n'ont nullement pour fonction de permettre au pèlerin de retrouver son chemin et de guider ses pas au long du circuit de circumambulation. Souvent composés par des tantristes, ils décrivent leur propre vision mystique et ils expliquent, de manière plus ou moins détaillée, la soumission des divinités autochtones, installent le *mandala* d'une divinité bouddhique et de son entourage dans le paysage. Le paysage décrit est donc à la fois symbolique et réel : un paysage mental se superpose au paysage réel, signe de la suprématie du spirituel sur le temporel. Le but de ces textes est de conduire le pèlerin ordinaire de la simple perception d'un paysage physique à la conception du paysage comme lieu saint.

Mais la grande majorité des Tibétains, illettrés, n'avaient nullement accès à ces sources écrites. En revanche, les religieux instruits lisent ces guides et les emportent parfois avec eux. Ils transmettent leur savoir aux laïcs et aux moines analphabètes qu'ils rencontrent. C'est donc à travers le texte, diffusé oralement par des religieux, que le paysage divinisé est surimposé au paysage réel pour celui qui n'a pas la capacité de le percevoir.

Par ailleurs, l'appropriation de l'espace se fait également sur le plan physique, de manière concrète, et entraîne la soumission des hommes. Un jour, un religieux, dit-on, « ouvre la porte du pèlerinage », et permet ainsi l'accès au lieu saint. On assiste alors à la venue de pratiquants, à la construction de fondations religieuses ; des empreintes « spontanément apparues » de corps, de pieds ou de mains, de divinités, de saints, jalonnent les chemins de circumambulation. Il y a un marquage objectif du paysage réalisé par les religieux bouddhistes, qui incite le pèlerin à agir selon ce qu'il voit et ce que les religieux lui disent.

La bouddhisation concerne aussi la faune qui appartient au dieu du terroir. Le chasseur qui s'aventure à la tuer, sans son accord, risque les foudres du dieu. Certains nomades avaient coutume de chasser autour du mont Targo, à l'ouest du Tibet. Tout récemment, cette coutume fut abandonnée car le dieu du terroir s'y montra opposé : la femme d'un des chasseurs tomba malade après une chasse à fins mercantiles et mourut. Son mari attribua ce décès au puissant dieu-montagne, irrité par ce massacre perpétré dans l'unique but d'obtenir des peaux de lynx et de léopard des neiges.

Dans la montagne bouddhique, le monde animal est présenté comme l'émanation du monde spirituel. De ce fait, la chasse est interdite dans ce domaine de manière plus stricte encore que dans la vie courante, où les préceptes bouddhiques ne sont pas toujours respectés. Les guides de pèlerinage sont là pour le rappeler :

> Parce qu'il est sûr que [parmi] les différentes espèces d'oiseaux et d'animaux sauvages qui se trouvent dans ces lieux saints excellents, quelques-unes sont des émanations de bouddhas et de bodhisattvas,

il ne devrait pas être nécessaire de dire qu'il n'est pas convenable de leur faire du mal.

Il y a également une emprise sur le temps. Le temps du pèlerinage est fixé, de manière plus ou moins précise, en fonction de critères bouddhiques. L'année du grand pèlerinage, qui se déroule tous les douze ans, peut être déterminée par celle durant laquelle le pèlerinage fut ouvert par un grand religieux, ou bien par celle de l'anniversaire d'un saint ou d'un événement bouddhique. Parfois, le mois et le jour sont également définis et ils correspondent alors à une date importante dans le contexte bouddhique.

Les montagnes volantes

Il est temps maintenant de montrer par un exemple comment peut se réaliser la soumission d'un lieu à travers les sources orales et écrites. Les montagnes volantes illustrent parfaitement ce processus.

Selon la tradition, un certain nombre de montagnes sont venues en volant ou ont été transportées d'un autre pays, généralement d'Inde, à un moment où un fléau survenait au Tibet. Leur présence n'est nullement définitive, et elles peuvent à nouveau s'envoler, abandonnant le pays ; il faut donc les fixer au sol. La capacité de quelques montagnes à se déplacer paraît d'autant plus surprenante, au premier abord, que la montagne représente généralement la stabilité, l'immuabilité.

L'une d'elles s'élève dans le Tibet méridional. C'est une montagne aux flancs schisteux dont la forme oblongue, avec des crêtes calcaires très dentelées, peut rappeler des côtes. D'où son nom, Tsibri, « Montagne en forme de côtes ». La tradition orale raconte, qu'autrefois, il n'y avait sur le plateau qu'un lac dont les eaux empoisonnées dégageaient des vapeurs nocives qui décimaient les hommes et les animaux. À cette époque, la montagne s'appelait Shiri, la « Montagne des morts »[6], comme le confirme ce chant :

6. Il faut relever l'illogisme du récit qui consiste à donner un nom à une montagne qui, en fait, n'existe pas. Au début, dit-on, il n'y avait qu'un lac empoisonné.

Shiri est le nid de nombreux vautours.
Moi, le garçon [je vais dire] trois mots sur le nid des vautours.
[Cette montagne] ne s'appelle pas la Montagne en forme de côtes mais la Montagne des morts.
Elle est appelée la Montagne des morts car les vautours y meurent.

On raconte que les quatre-vingt-quatre « Êtres parfaitement accomplis », mis au courant du fléau qui frappait le Tibet, décidèrent de transporter la montagne sur laquelle ils résidaient à Bodhgaya, en Inde, pour recouvrir le lac. Des maîtres venus d'Inde voulurent la rapporter dans son pays d'origine. Les Êtres parfaitement accomplis s'y opposèrent et, pour éviter qu'elle ne s'envolât à nouveau, la fixèrent au sol par quatre clous (qui sont en fait de petites montagnes), quatre rivières et quatre charniers.

Ces points d'ancrage sont placés aux quatre points cardinaux ; il y a aussi quatre cols et les quatre chemins qui y mènent sont semblables, dit-on, à des cordes fixant la montagne au sol.

Tsibri joue donc le rôle de dompteur mais de dompteur bénéfique.

Cette tradition reste bien vivante. Ainsi, non loin du chemin de circumambulation de l'Amnyé Machèn, à proximité d'un col, s'élèvent de nombreuses dunes de sable. Un religieux me raconta que lorsque les Chinois arrivèrent au Tibet, la montagne Amnyé Machèn voulut partir en Inde. Alors, tous les dieux lui offrirent un mandala tridimensionnel pour la retenir : les dunes représentent les grains qui furent déposés sur ce mandala. L'histoire ne dit pas si cette montagne est venue d'un autre pays, mais les moyens mis en œuvre pour la retenir prouvent qu'elle a bien le pouvoir de s'envoler.

La présence de ces montagnes assure la stabilité, la prospérité et l'ordre du monde. Elles permettent aux hommes de vivre sur un territoire qui, avant leur arrivée, présentait des caractères sauvages, démoniaques et dangereux. La tradition orale maintient qu'elles retourneront dans leur pays d'origine lorsque surviendra le temps des calamités. En effet, si les dieux abandonnent les hommes, les fléaux se succèdent et les montagnes, en partant, laissent le monde dans le chaos.

Le phénomène des « montagnes volantes » peut s'inscrire comme une variante de la conquête du territoire par le bouddhisme. Non seulement elles viennent d'Inde, terre mère du bouddhisme, mais, de plus, les êtres qui les accompagnent détiennent les pouvoirs des réalisations spirituelles.

La transformation de la montagne dieu du terroir en montagne lieu saint bouddhique a entraîné des conséquences importantes. Elle a d'abord conduit à une « dépersonnalisation » de la première, comme le confirme l'iconographie. Le dieu anthropomorphe qu'est le dieu du terroir et qui est représenté, ainsi que nous l'avons vu, sous la forme d'un guerrier, disparaît au profit d'une montagne lieu saint représentée (quand elle l'est) sous l'aspect d'une montagne, ou parfois comme un stupa. Elle a surtout bouleversé les conceptions que les Tibétains avaient de leur environnement, de leur relation avec la nature. D'une montagne de portée symbolique locale, le bouddhisme fait une montagne de portée symbolique universelle. Alors que seuls les habitants d'un terroir particulier rendent un culte à leur dieu du terroir, lui demandent prospérité, honneur, pouvoir, etc., tout être humain peut honorer la montagne lieu saint bouddhique et attendre du pèlerinage, en fonction des mérites obtenus, une réponse positive à ses prières. Il y a donc passage d'une divinité « mondaine » (qui influe sur notre monde) à une divinité transcendante. Les requêtes du pèlerin sont directes et établissent une relation contractuelle entre lui et le dieu. Dans un temple, le dévot s'adresse à des divinités bouddhiques ainsi qu'à des saints auxquels il vient rendre hommage. L'introduction de l'écriture et l'apparition de textes sacrés liés à la montagne participent à la transformation de la relation. L'officiant devient l'intermédiaire nécessaire qui adresse les prières aux divinités, au nom du dévot. Ces mêmes prières pourraient être psalmodiées dans un autre édifice religieux, par un autre religieux, pour un autre dévot : la relation privilégiée (pèlerin-dieu du terroir) disparaît alors au profit d'une autre, beaucoup plus générale.

À mesure que la montagne devient une montagne lieu saint, cette logique d'échange tend à diminuer ; l'équivalence ancienne entre les deux partenaires (homme et divinité) disparaît au profit d'une attitude de vénération dans laquelle le pèlerin implore la divinité de lui accorder ce qu'il désire. Le jour où une montagne est complètement bouddhisée, le pèlerin agit comme dans un temple.

Bref, en brisant la structure locale, le bouddhisme intervient dans l'organisation territoriale, sociale et politique.

Mais le résultat de la bouddhisation est inégal sur l'ensemble de l'aire tibétaine. On observe des états différents qui, me semble-t-il, varient en fonction de certains facteurs : les intérêts qui animent les autorités religieuses à l'égard de tel ou tel lieu saint, le contexte social, religieux et géopolitique, ainsi que les résistances rencontrées.

Deux montagnes, deux états de bouddhisation

On peut observer, de nos jours encore, ce processus de bouddhisation en comparant deux montagnes, l'Amnyé Machèn, montagne sur laquelle se superposent les concepts de dieu du terroir et de lieu saint, et une autre, que je qualifierais de montagne lieu saint, le Kailash. Le but n'est pas de montrer des étapes différentes dans le processus de bouddhisation, dont l'une serait minimale et l'autre maximale, mais des états différents, car la bouddhisation n'est un processus ni linéaire dans le temps, ni monolithique.

L'Amnyé Machèn. - Je ne connais que deux guides de pèlerinage consacrés à cette montagne. L'un d'eux installe le mandala d'une divinité bouddhique, Chakrasamvara, dans le paysage, mais le dieu du terroir, Amnyé Machèn, est toujours présent, tout comme il l'est dans le second guide. Si la présence d'un grand yogi est mentionnée, les textes ne signalent pas de lignées de pratiquants. La soumission physique du territoire est en cours : des sites sacrés existent le long du chemin de dévotion mais ils sont peu nombreux, et leurs noms n'ont pas de connotation bouddhique immédiate. En 1990, seuls existaient un monastère et un stupa ; en 1992, un temple était en voie d'achèvement. Le pèlerinage attire essentiellement les nomades des populations environnantes. Les pèlerins ne connaissent qu'un seul chemin de circumambulation alors que tous ceux que j'ai interrogés au Kailash en répertorient trois différents correspondant aux capacités spirituelles de chacun. Leur comportement est en accord avec cette montagne incomplètement soumise au bouddhisme. La plupart d'entre eux effectuent la circumambulation, mais à cheval, au mépris des principes bouddhiques. Nombreux sont ceux qui portent un fusil et s'amusent à l'étape ; ils accomplissent divers actes rituels « populaires », qui ne sont pas prescrits par les guides de pèlerinage : ils soulèvent des pierres, les transportent, pèsent leurs péchés en s'accrochant à une saillie de la falaise, traversent les « chemins de l'enfer ». Les pèlerins cherchent à « réjouir » le dieu, à lui « plaire » par leurs exploits, la beauté de leurs vêtements, de leurs bijoux. Ils chassent à proximité de la montagne et adressent aux divinités bouddhiques leurs demandes de pardon, qu'ils gravent sur des pierres disposées au long du chemin de circumambulation ; mais c'est à Amnyé Machèn, représenté sous l'aspect d'un dieu guerrier, qu'ils adressent leurs souhaits et c'est de lui qu'ils en attendent leur réalisation.

L'emprise sur le temps n'est pas totale : une année particulière, l'année cheval, est recommandée pour ce pèlerinage, mais il ne semble pas qu'il y ait un mois ou une date privilégiés.

Le Kailash. - Les sources écrites sont nombreuses. Il y est dit que le Bouddha parle déjà de cette montagne dans ses prophéties. L'existence d'un protecteur du sol est parfois mentionnée, mais les guides ne lui donnent un rôle que dans un cadre bouddhique. La présence ininterrompue d'éminents méditants, du XIIIe siècle à nos jours, est soulignée. La bouddhisation est inscrite dans le paysage par un marquage concret de celui-ci. La « mandalisation » est complète : au centre, se dresse le dôme immaculé du Kailash. Quatre temples ont été bâtis aux quatre points cardinaux ; quatre lieux de prosternation et quatre empreintes du Bouddha marquent les quatre directions. Toutes les montagnes, tous les massifs rocheux, portent le nom de divinités bouddhiques. Les empreintes surnaturelles sont multiples. Trois chemins de circumambulation sont connus, et chacun d'eux est destiné à une catégorie d'êtres plus ou moins avancés sur le chemin de l'élévation spirituelle : l'un extérieur, le plus long, réservé aux êtres ordinaires ; l'autre intermédiaire, pour les *dakinis*[7], et le dernier, l'intérieur, pour les cinq cents saints *(arhat)*, les premiers disciples du Bouddha. L'existence de ces trois chemins dans la plupart des lieux saints fait partie du processus de bouddhisation : elle institutionnalise les progrès du pèlerin dans sa participation à l'espace sacré. Les dévots viennent, ici, de tout le pays, attirés, certes, par le renom du Kailash, mais aussi par celui des divinités bouddhiques qui y résident. Cependant, la bouddhisation change leur mentalité et leur comportement rituel : leurs gestes sont apaisés, la réserve l'emporte sur les démonstrations. Ils s'approchent du lieu saint lentement et modestement, à pied, vêtus humblement, sans armes, dans l'attitude de celui qui sollicite, la tête inclinée ; leurs actes rituels essentiels consistent en prosternations, offrandes, litanies ; ils suivent en cela les recommandations des guides. Le Kailash n'est pas (peut-être faudrait-il dire « n'est plus ») représenté par un dieu anthropomorphe mais sous la forme d'un stupa ou sous celle d'une montagne. L'emprise sur le temps est également très grande, pour ne pas dire totale : ainsi, il est recommandé de se rendre au Kailash l'année cheval, le quinzième jour du quatrième mois tibétain (mai-juin), date très marquée sur le plan bouddhique puisque c'est le jour où l'on fête la naissance, l'illumination et le *nirvana* final du Bouddha.

Le Kailash présente ainsi un état très avancé de bouddhisation dont les étapes nous restent en partie inconnues : par exemple, comment a-t-on éliminé le dieu du terroir jusque dans son nom, si jamais il y en eut un ?

À l'Amnyé Machèn, le décor est dressé. On peut se demander si Amnyé Machèn va un jour céder la place à Chakrasamvara et, dans ce cas, quand et comment. Certes, d'un point de vue bouddhique, le dieu du terroir est soumis, mais il garde quand même un rôle de premier plan : c'est lui le dédicataire du pèlerinage.

7. Figure féminine qui personnifie la sagesse et comme telle se manifeste à des mystiques sous une forme paisible ou irritée, soit pour faire des révélations, soit pour donner des enseignements tantriques dans lesquels elle peut jouer le rôle de partenaire.

Va-t-il, de son propre chef pourrait-on dire, s'effacer discrètement devant son successeur-vainqueur ? Alors qu'on ne peut - ailleurs - que deviner les ambiguïtés de la relation ou du conflit passé entre le dieu du terroir et la divinité bouddhique, sans pouvoir les éclairer par d'autres faits que les descriptions lénifiantes des maîtres bouddhistes, elles sont ici patentes. Le processus est engagé mais il y a des résistances. L'adaptation des principes bouddhiques entraîne des conflits de valeurs. Il y a une différence entre la norme écrite, pas toujours intégrée, qu'est le bouddhisme, et les pratiques orales, appartenant à un fonds populaire : on voit les nomades chasser à proximité de la montagne et adresser leurs demandes de pardon, sur le lieu de pèlerinage, aux divinités bouddhiques, à Vajrasattva, au Bouddha, mais pas à Chakrasamvara, ce qui souligne le peu d'importance que les pèlerins laïcs lui accordent actuellement, ou leur ignorance de sa présence.

Rien ne dit que l'Amnyé Machèn deviendra un second Kailash : d'une part les contextes sociaux, géographiques ne sont pas les mêmes et peuvent entraîner des réactions différentes ; d'autre part, les stratégies d'implantation du bouddhisme sont variées (sans oublier l'importance, à l'époque contemporaine, des changements politiques).

Les grottes de Halase-Maratika

L'étude contemporaine des montagnes sacrées présente en quelque sorte des instantanés d'états différents dans le processus de bouddhisation, mais elle ne permet pas véritablement de suivre ce processus. Aussi est-il particulièrement intéressant de le voir à l'œuvre dans les grottes de Halase-Maratika, au Népal oriental.

Dans la partie orientale du Népal, s'étend une région de moyennes collines, habitée par des membres de l'ethnie Rai et des Indo-Népalais. C'est là, sur l'une des rares collines encore boisées, que se trouvent les deux grottes de Halase-Maratika, l'une ouvrant en bas, l'autre en haut. On est frappé, en pénétrant dans cette dernière, par le bruissement que font les centaines de chauves-souris qui y ont élu domicile. Ce lieu est important pour les adeptes de l'école ancienne du bouddhisme tibétain car c'est l'endroit où, selon la tradition, Padmasambhava obtint le pouvoir sur la vie, au moment du Nouvel An tibétain - comme le précise la tradition orale. C'est pourquoi les bouddhistes effectuent le plus important pèlerinage à cette époque de l'année.

Mais le site est également sacré pour les hindous, puisque Shiva s'y manifesta sous la forme d'un *linga*[8].

Si les grottes de Maratika sont mentionnées dans les sources tibétaines dès le XIIe siècle, il semble que ce site ait été, jusqu'à présent, négligé par les pèlerins tibétains. Avant l'occupation chinoise, la plupart d'entre eux effectuaient essentiellement leurs pèlerinages au Tibet. Certains, il est vrai, se rendaient au Népal ou en Inde, généralement en hiver, à un moment où les conditions climatiques devenaient plus propices pour ces habitants des hauts plateaux. La situation géographique de Halase-Maratika (à un jour et demi de marche du Terai, au sud du Népal), son éloignement des routes de passage (pèlerinage et commerce) en rendaient l'accès difficile. Or on assiste, depuis une décennie, à une mainmise des bouddhistes qui, peu à peu, évincent les hindous. L'un des acteurs principaux de ce processus est un lama sherpa surnommé Maratika lama.

Maratika lama. - C'est en 1980 que ce religieux bouddhiste sherpa s'installa à Halase-Maratika. Sa venue a suscité, et suscite encore, de nombreux problèmes au sein de la communauté hindoue.

De son vrai nom Nawang Chöphel Gyatso, Maratika lama est originaire d'un village situé au nord du Népal oriental, en pays sherpa. Il naquit, il y a soixante-quinze ans, après un pèlerinage que firent ses parents à Halase-Maratika dans le but de demander des enfants. Ce religieux tantriste de l'école ancienne a étudié dix ans au Tibet, au monastère tibétain de Rongpou, situé au pied de l'Everest, avec lequel les Sherpas entretenaient de nombreux liens religieux. De retour en pays sherpa, il fit de multiples retraites et exécuta, durant plus de vingt ans, de nombreux rituels pour arrêter

8. Symbole phallique de Shiva, généralement représenté comme pénétrant le sexe féminin.

la grêle et faire tomber la pluie, rituels dans lesquels il excellait, et obtenait, d'après ses dires, des résultats meilleurs que ceux des autres intermédiaires privilégiés entre le monde des hommes et le monde des dieux.

Un jour, il eut une vision qui lui apprit qu'il devait « prendre » Halase-Maratika (ce sont ses propres termes). De hauts dignitaires religieux tibétains de l'école ancienne - Dudjom rinpoché, Khyèntsé rinpoché et Trulshi rinpoché - le poussèrent, affirme-t-il, dans cette voie. Il y vit donc depuis dix-huit ans.

D'après les villageois hindous, il se présenta tout d'abord comme un religieux pauvre. Ils l'autorisèrent à construire, à proximité de la grotte supérieure, une hutte pour méditer. Il demeura un certain temps en retraite. Quand les villageois le virent enfin descendre, il leur annonça qu'il allait apporter de nombreuses améliorations dans le village (amener l'eau, créer des chemins, etc.) ; ce qu'il fit. Plus tard, il demanda une terre pour bâtir un monastère. Les villageois, en reconnaissance de ses services, lui donnèrent celle qu'il demandait et qui dominait l'entrée de la grotte supérieure.

La construction du monastère fut achevée à la fin de l'année 1984 grâce à diverses donations et avec l'aide financière de Dudjom rinpoché, Khyèntsé rinpoché et Trulshi rinpoché, qui vinrent en personne y méditer. Le roi du Népal s'y rendit à deux reprises (1983 et 1988) et attribua une somme d'argent, utilisée pour construire un escalier et un mur muni de grilles à l'entrée des deux grottes. Le roi avait un projet de développement pour ce site et désirait le transformer en un lieu agréable. À cette fin, il attribua 715 000 roupies (environ 71 000 francs) de dédommagement aux propriétaires des diverses maisons à détruire. Cette somme comprenait aussi de quoi reconstruire ailleurs une maison d'accueil des pèlerins *(dharmasala).* Enfin, 92 000 roupies (environ 9 000 francs) étaient destinées au lama afin qu'il déplace le monastère. Si certaines des maisons ont bien été reconstruites ailleurs, le lama n'a jamais pris l'argent qui lui était destiné, et le monastère est toujours à la même place. Par la suite, la révolution népalaise et la mise en place de la démocratie (en 1990) ont gelé le projet du roi.

Maratika lama réussit, par des manœuvres difficiles à élucider, à mettre toute la colline des grottes sous son nom et celui du monastère. Le lama interdit également la chasse sur tout le territoire.

Peu de temps après son installation à Halase, Maratika lama envoya au Bhoutan, au Sikkim, au Népal, au Khams, et même à Lhasa, des guides de pèlerinage de ce lieu saint. Il affirme que, depuis, des dévots originaires de ces différentes régions y viennent régulièrement.

La version du lama contient de nombreux récits de conflits avec les villageois, certains le menaçant même de mort, s'il ne changeait pas l'emplacement du monastère et n'enlevait pas les drapeaux de prières. De leur côté, les villageois s'accordent pour affirmer, soit que cette terre fut vendue par erreur au lama, soit qu'il paya les employés du cadastre afin qu'ils la mettent à son nom. Ils disent vouloir la récupérer.

Les deux parties racontent que certains villageois ont tenté de détruire le monastère, tout au moins le gros tambour et les statues. Ces dernières portent encore des traces de barre à mine. Il y aurait eu différentes rencontres entre, d'une part, les officiers de district et les villageois qui recherchaient le titre de propriété et, d'autre part, entre ces mêmes officiers de district et le lama venant défendre ce qu'il considère comme son bien.

Cette situation crée maintenant des oppositions à l'intérieur même de la communauté hindoue (entre les villageois aisés et les basses castes), car la présence du lama a donné des possibilités de travail aux plus démunis, essentiellement comme porteurs pour les pèlerins bouddhistes.

Actuellement, le lama sherpa est donc le « détenteur » de ce que les hindous considèrent comme la « terre de Shiva ». Il a affirmé sa possession en construisant un monastère dans lequel séjournent une vingtaine de moines et de nonnes. Mais il désire augmenter leur nombre. De plus, les nombreux animaux que les Indo-Népalais et les Rai tuent pour se nourrir lors des pèlerinages renforcent la détermination des bouddhistes dans leur désir d'obtenir la suprématie religieuse. De leur côté, les hindous reprochent aux bouddhistes de boire de l'alcool, d'apporter des buffles en offrande au lama et d'attirer des pèlerins (Sherpas, Tibétains mais aussi Occidentaux) qui souillent le lieu. Le lama ne s'oppose pas à la venue des pèlerins hindous, mais il n'est pas question qu'ils construisent et donc possèdent un temple. Ce lieu fut découvert par Padmasambhava, dit-il, et Shiva n'en est que le gardien.

Au début de l'année 1993, Maratika lama vint à Katmandou. Un nouveau conflit avait surgi et, cette fois-ci, les hindous désiraient obtenir l'autorisation officielle de destruction du monastère. Maratika lama, qui avait écrit son autobiographie à mon instigation, décida alors d'écrire un guide de pèlerinage et de faire une compilation des différentes sources écrites consacrées à Halase-Maratika afin de montrer aux autorités népalaises que ce site est un lieu saint bouddhique, et cela depuis des temps très anciens. Une manifestation de religieux en face du palais royal de Katmandou était même envisagée dans le cas où les autorités ne se seraient pas montrées compréhensives. Finalement, le lama obtint gain de cause.

Depuis peu, la situation entre hindous et bouddhistes semble s'améliorer, même si des tensions persistent. Le lama a accepté d'enlever un certain nombre de drapeaux de prières, et les hindous ne réclament plus la destruction du monastère.

L'appropriation rituelle de l'espace est en bonne voie et la soumission physique est déjà bien réalisée : des dignitaires religieux tibétains s'y rendent dorénavant régulièrement pour pratiquer des rituels ou des retraites ; c'est en ce lieu que la jeune réincarnation de Khyèntsé rinpoché a reçu un nouveau nom en décembre 1995. En avril 1996 s'y sont déroulées, pour la première fois, des danses sacrées. Un hélicoptère fait régulièrement la liaison avec Katmandou. De plus, en février 1995, des donateurs tibétains, travaillant dans un bureau d'énergie solaire, ont décidé d'installer l'électricité solaire dans la grotte supérieure. De façon à ne pas augmenter les tensions entre hindous et bouddhistes, ils avaient obtenu l'accord du chef du district. Ainsi, la donation concernait les deux communautés. Lors d'un entretien, je soulevai le problème des chauves-souris qui, effrayées, allaient peut-être abandonner le lieu, ainsi que celui du changement d'atmosphère, le néon me paraissant peu compatible avec une ambiance de recueillement. À cela l'un des donateurs répondit que « jusqu'à présent, on offrait des lampes à beurre pour supprimer les obscurités du *samsara*[9]. Maintenant, c'est l'époque du néon. On installe donc l'électricité, mais le but est le même ».

Religiosité et identité tibétaine revitalisent le pèlerinage

Les pèlerinages aux montagnes sacrées, dans toutes leurs phases et leurs développements, montrent l'étonnante religiosité des Tibétains, qui est aussi un facteur d'unité (voire d'unification) et que contrebalance pourtant, dans la plupart de ses manifestations, leur rigoureux pragmatisme.

La vision du monde des laïcs peut paraître pleine de contradictions au premier abord. Le pèlerin évolue dans un système que ne régissent entièrement ni les notions traditionnelles antérieures au bouddhisme, ni les notions bouddhiques. C'est un système composite qui recouvre une vision particulière du monde, dotée d'une cohérence propre. On assiste parfois à une confrontation entre deux systèmes d'idées, parfois à une cohabitation paisible, parfois à une transformation de l'un par l'autre. C'est ainsi que le moine japonais Kawaguchi, qui voyagea au Tibet au début du siècle et fit le pèlerinage au mont Kailash, rencontra un Tibétain originaire du Khams qui vénérait la montagne et s'adressait à elle en disant :

> Ô Saint Kang rinpoché ! Ô grand Shakyamouni ! Ô vous, tous les bouddhas et les bodhisattvas des dix directions du monde et du temps passé, présent et futur ! J'ai été malfaisant dans le passé ! J'ai tué un grand nombre d'hommes ! J'ai pris beaucoup de choses qui ne m'appartenaient pas ! J'ai volé les femmes à leurs maris ! Je me suis querellé de multiples fois et j'ai aussi roué les gens de coups ! Je me repens de tous ces péchés et je fais pénitence ici, sur cette colline. Je crois

9. Cycle des existences auquel est soumis tout être tant qu'il n'a pas atteint la libération lui permettant d'entrer dans le nirvana.

> que par cette confession et ce repentir, je suis absous de tous mes péchés. Je fais aussi pénitence ici pour mes prochains péchés, car il est probable que, dans le futur, je les renouvelle, que je vole des gens de leurs biens et de leur femme, que je les rosse et les batte.

Le pèlerinage, comme d'autres phénomènes contemporains, par exemple l'engouement pour l'Épopée de Guésar, connaît une vitalité surprenante. Son sens actuel se dessine de plus en plus nettement, et l'hypothèse de sa valeur comme facteur de l'identité tibétaine et de la résistance politique s'impose de plus en plus clairement.

Jusqu'à l'invasion chinoise, le sentiment d'identité régionale était beaucoup plus fort que celui de l'identité nationale. Traditionnellement, les habitants de l'Amdo qui se rendaient en pèlerinage à Lhasa disaient aller au Tibet, tout comme les Sherpas disaient se rendre au Népal lorsqu'ils parlaient de Katmandou. Les mouvements se faisaient généralement dans un seul sens, les gens de Lhasa n'ayant guère de motif d'aller à l'est, sauf pour des raisons officielles. Les particularismes régionaux apparaissaient clairement aux yeux des migrants. Confronté à des Tibétains d'autres régions, qui parlaient souvent un dialecte différent, quand ce n'était pas à des étrangers, le pèlerin ne pouvait que prendre conscience de son identité régionale.

Le bouddhisme joue un rôle important dans le sentiment d'identité nationale. La revitalisation des pèlerinages au Tibet et dans les pays limitrophes est liée à ce sentiment. De nos jours, partir en pèlerinage marque la condition de bouddhiste (*nang pa*, ceux qui sont à l'intérieur) et s'oppose à celle des non bouddhistes (*phyi pa*, ceux qui sont à l'extérieur), essentiellement les Chinois. Partir en pèlerinage, c'est aussi suivre des routes traditionnelles, chargées d'histoire et qui appartiennent à la mémoire collective. C'est affirmer sa différence par rapport à l'occupant et afficher une certaine résistance.

Les efforts entrepris, au Népal par exemple, pour réanimer des lieux de pèlerinage révèlent l'importance des enjeux. Ils sont d'ordre religieux bien sûr, mais aussi politique et économique.

L'exemple de Halase-Maratika montre bien qu'il y a une volonté délibérée des autorités bouddhistes en exil d'élaborer une nouvelle géographie sacrée qui s'appuie sur des sites se trouvant hors du Tibet mais connus par les textes. Diaspora et communauté tibétaine au Tibet même partagent un passé identique qui se concrétise sur les lieux saints. En éveillant (ou en réveillant) cette conscience d'une identité nationale, l'occupation chinoise a fait diminuer le sentiment d'appartenance à une école religieuse. La nation tibétaine, bien que divisée, est maintenue : la cohésion de la population en exil est affirmée et le lien avec la population sur place est conservé. Les religieux tibétains ne cherchent pas à créer de nouveaux lieux saints, mais simplement à réanimer ceux que la mémoire collective connaît.

Il ne faut pas oublier non plus la diffusion du bouddhisme tibétain à l'ouest et à l'est ; un nombre croissant de bouddhistes occidentaux, taïwanais et japonais suivent les maîtres tibétains. Par leur nombre, leurs donations, ils contribuent au développement et à la renommée des lieux saints.

La revitalisation que connaissent les pèlerinages en ces temps troublés est l'une des manifestations de l'identité politique et culturelle des Tibétains. En faisant des pèlerinages, les Tibétains affirment leur identité face à l'envahisseur chinois ; en parcourant les routes de pèlerinages, ils retracent leur histoire et se réapproprient ainsi l'espace.

Autour des montagnes sacrées, la présence de l'occupant chinois est inexistante : la colonisation s'étend pour l'instant dans les vallées. Va-t-on assister un jour à la confrontation entre la bouddhisation et la sinisation ? Certains des projets envisagés par les Chinois, comme la transformation du Kailash en un site touristique, suggère une autre confrontation possible en ces lieux : celle de la bouddhisation avec l'occidentalisation.

Katia Buffetrille

Lhasa, la ville illisible

Robbie Barnett

Que révèle l'architecture d'une ville ? L'auteur alterne ici ses réflexions sur un urbanisme sous influence et ses impressions de voyageur initié. Il livre une histoire originale de Lhasa, décryptée tantôt dans les symboles ancestraux, tantôt dans les emblèmes gouvernementaux chinois.

> La ville ne raconte pas son passé mais le révèle comme les lignes d'une main, inscrit aux coins de ses rues, aux grillages des fenêtres, aux rampes d'escaliers, aux paratonnerres, aux mâts des drapeaux, chaque quartier étant marqué à son tour par des déchirures, des empreintes, des graffiti.
> ITALO CALVINO, *Villes invisibles*

> La lisibilité dépend d'un certain nombre de facteurs : un ensemble de valeurs et de croyances partagées, une langue commune, une syntaxe architecturale facile à comprendre. Un des thèmes les plus courants dans les débats actuels sur l'urbanisme est l'idée que la ville devient de moins en moins lisible.
> JOHN RENNIE SHORT, *The Urban Order. An Introduction to Cities, Culture and Power*

Du haut de la Colline rouge, le palais du Potala domine toujours la ville située cent mètres en contrebas, et le temple du Jokhang reste, pour les pèlerins, le but de leur voyage, le cœur de la cité, et peut-être même des aspirations de leur vie. Les trois grands monastères, Drépoung, Séra et Gandèn, se dressent, comme des sentinelles, sur les pentes de la montagne qui entourent la bourgade. À la lisière, à l'ouest, des fidèles ont abandonné des écharpes cérémonielles aux grilles du Norboulingka, comme si le Dalaï lama était sur le point de retrouver sa résidence, son palais d'été. Et le Barkor - le chemin de dévotion qui encercle le Jokhang - est toujours encombré de pèlerins qui se prosternent, de colporteurs, de commerçants, ainsi qu'il en a été de tout temps.

Cependant, beaucoup de choses ont changé depuis l'arrivée des Chinois, il y a quarante ans. Lhasa est aujourd'hui peuplée de quelque 200 000 habitants, soit quatre fois plus qu'en 1950, et la ville s'étend sur une superficie presque vingt fois supérieure aux 3 kilomètres carrés qu'elle a couverts durant des siècles, avant la « libération pacifique » décidée par Mao. L'édifice le plus haut n'est pas le temple de Ramoché ou le Jokhang mais, près du Potala, le bâtiment des Postes et Télécommunications. Il sera lui-même bientôt dépassé par le nouvel hôtel en construction sur l'ancien site de pique-nique de l'île aux Voleurs.

Ces nouveaux édifices sont les sédiments laissés par deux grandes vagues qui ont balayé la ville et changé son histoire, peut-être plus vite que n'importe quel autre processus depuis le XIVe siècle : l'une est le régime chinois ; l'autre, la modernité.

À présent, la porte d'entrée du poste de police était en flammes. Les manifestants arrêtés plus tôt s'échappaient par les fenêtres. Les policiers en civil qui rôdaient dans la foule avaient été repérés depuis longtemps, battus puis chassés. Même le Chinois avec sa caméra avait dû fuir sous une pluie de pierres. Il avait été plus intelligent que les policiers, des jeunes qui avaient laissé tomber leur fusil avant de s'enfuir. Il avait couru avec sa caméra et, à l'intérieur, le film qui, plus tard, allait permettre d'identifier ceux qui, à ce moment-là, se réjouissaient.

À l'extrémité de la place, des troupes amenées par camions entiers, attendaient les ordres et le matériel. Les manifestants ne tentèrent pas de repousser plus loin la police. Ils étaient bien trop occupés à fêter leur reconquête du Soungchöra. On aurait dit qu'ils dansaient sur la tombe de l'histoire, qu'ils enterraient, ce matin-là, trois décennies de soumission. Ils ne semblaient pas être préoccupés par le fait que la danse prendrait fin bientôt.

Ignorants ou presque l'histoire qui se déroulait sous nos yeux, nous, les Occidentaux, étions plutôt inquiets de la tournure qu'allaient prendre les événements. On voyait des hommes en uniforme vert avancer sur les toits derrière le poste de police, hors de portée des pierres. Il était presque dix heures. Une heure s'était écoulée, autrement dit suffisamment de temps pour qu'une décision ait été prise dans une pièce froide et humide au sein des bureaux du Parti. Parmi les touristes, un débat discret s'ensuivit : certains pensaient que nous devrions nous mêler à la foule pour dissuader la police de tirer. Moi, je dis que nous devrions plutôt assister à tout ce qui se passait, mais en retrait, pour ne pas être filmés comme preuve de la présence d'éléments subversifs étrangers dans la foule. J'avais une meilleure raison de vouloir rester à l'écart : la peur. Toujours est-il que lorsque l'officier aux lunettes noires s'avança vers le rebord du toit et braqua son arme vers la foule, je me trouvais hors de son champ de tir.

Il ne m'était alors jamais venu à l'esprit que les balles ne se voient pas. On ne voit que leur résultat, comme un virus qui laisse des cicatrices sur un visage. Sur cette place où les murs n'étaient pas très hauts, la résonance était faible, et les coups ne retentissaient pas plus que les pétards que j'avais entendus tous les jours depuis mon arrivée à Canton, deux mois plus tôt. Mais les briques crachaient la vérité sous forme de petits nuages de poussière, tandis que les premières balles se logeaient dans la façade du Jokhang, au-dessus de la foule.

Je ne m'arrêtai pas pour regarder et me précipitai vers la porte de l'école primaire, de l'autre côté du poste de police. La foule portait sur ses épaules Champa Phuntsok, le héros du jour, qui avait permis la libération des prisonniers enfermés dans le poste de police en flammes. Ils le déposèrent, près de moi, sur un rebord de fenêtre. Par endroits, là où les brûlures avaient décollé la peau de ses bras, la chair, écarlate, s'entrouvrait comme des lèvres qui s'ouvrent pour acclamer. Il brandissait des écharpes et la foule l'acclamait.

L'homme aux lunettes noires pointa alors son arme vers le sol, et les gens se mirent à tomber ; il tirait sur leurs pieds. À présent, deux autres policiers armés l'avaient rejoint. Ils ne faisaient pas le détail ! Des moines furent abattus alors qu'ils tentaient de rejoindre la foule. Dans une rue transversale, des troupes avançaient. Quelqu'un jetait des meubles par les fenêtres de l'école. Ce n'étaient plus des briques qui volaient en poussière au-dessus de nos têtes, mais à présent, des gens, dans la foule, tombaient. Soudain, d'autres se mirent à courir. Les Chinois étaient arrivés.

La Cité, le Cercle

Avant même que sa construction ne soit achevée au XVIIe siècle, la vue du Potala a été l'impression dominante des voyageurs qui se rendaient à Lhasa. Le palais est le point de mire de la vallée de Lhasa et, en tant que résidence du souverain, forteresse militaire et siège historique des ancêtres impériaux, on aurait pu s'attendre à ce qu'il devienne aussi le centre de la capitale. Mais les Tibétains, tout au long de leur histoire, l'ont considéré comme extérieur à la cité. Le centre de Lhasa est constitué par le Jokhang, édifice bas et peu impressionnant, situé sur un terrain plat près de la rivière.

La capitale du Tibet est un dédale de petites rues surpeuplées, construites entre deux cercles concentriques, dont le Jokhang est le centre : le Barkor, le chemin de circumambulation intermédiaire qui entoure le temple, et le Lingkor, ou circuit extérieur. Comme tous les circuits de ce genre au Tibet, le Lingkor fut défini en fonction d'une géographie mystique mais non humaine ; il devait entourer l'ensemble des principaux sites ayant une portée spirituelle, y compris les champs et les étendues sauvages. Le Lingkor court ainsi, sur plus d'un kilomètre, au-delà de la limite de l'agglomération, longeant la rivière Kyichou, et il enserre les deux collines de Chagpori et de Marpori. Bien qu'étant à l'intérieur du Lingkor, le Potala n'était pas compris dans la cité traditionnelle, mais n'était pas non plus isolé. À ses pieds, il y avait un groupe de maisons connu sous le nom de Shöl, dont les habitants ont été décrits par le Dalaï lama, qui les observait depuis sa fenêtre lorsqu'il était enfant. Shöl prit une grande importance à partir du XVIIe siècle ; on y trouvait des bureaux du gouvernement, des cachots officiels, sans parler des maisons de tolérance. Mais Shöl était, et est encore, considéré comme un village séparé, extérieur à la cité. Le Potala était semblable au soleil au sens ptolémaïque : la vie de la cité baignait dans sa lumière, mais elle tournait autour du temple du Jokhang.

Quatre autres édifices définissent la géographie spirituelle de Lhasa. À moins de 2 kilomètres à l'ouest du Potala s'élève le palais d'été du Dalaï lama, le Norboulingka, autre lieu de pèlerinage. Au-delà de ces deux palais, un troisième cercle est formé par les grandes institutions monastiques que Tsongkhapa et ses disciples ont fondé au XVe siècle. Le monastère de Drépoung est situé à l'ouest de la capitale, sur les flancs du mont Gamphèl ; Séra est au nord, là où la plaine rejoint les pentes du mont Gyèltsèn ; à quelque 40 kilomètres à l'est, se dresse le monastère de Gandèn, éloigné mais crucial pour comprendre l'idée que les habitants de Lhasa ont de leur cité.

Ainsi, nous avons une ville bâtie autour d'un temple situé entre trois collines. Un palais sacré domine de l'une de ces collines, tandis qu'un second palais, à l'ouest, marque l'entrée de la vallée, juste au-delà du cercle formé par les collines. Celles-ci, à leur tour, sont entourées par un cercle de grands monastères bâtis sur les pentes des montagnes environnantes.

Nous pouvons constater ici que, de même que dans les siècles passés les Tibétains imaginaient leur monde comme un ensemble de zones carrées concentriques dont le centre spirituel était l'Inde bouddhiste, la conception circulaire de Lhasa fut induite par des considérations religieuses. Mais le fait que le cœur en était le Jokhang, et que sa raison d'être et sa justification étaient le bouddhisme, ou qu'après le XIVe siècle elle se redéfinit en fonction des monastères, ne signifiait pas pour autant que la ville ou ses habitants fussent nécessairement aimables, bons ou ayant une excellente moralité ; c'est une autre question.

Par exemple, l'idée occidentale de la sainteté sous-entend que les lieux consacrés à la religion sont calmes, sereins et silencieux, ce qui est un aspect fondamental de notre notion du sacré. Nous avons l'idée d'un espace où les sons, les comportements et même l'air et la lumière sont d'une qualité plus raffinée, une notion que traduit l'architecture de nos temples et de nos églises. Cette vision apparaît dans les écrits de certains aristocrates tibétains en exil, mais il s'agit probablement d'un même instinct que celui de tout aristocrate qui désire échapper à l'agitation bruyante des classes inférieures, et qui attend des édifices religieux qu'ils offrent ce refuge.

La tranquillité n'est vraisemblablement pas le terme approprié pour définir Lhasa. Quelque sens que l'on donne à la piété au Tibet, il ne signifie nullement quiétude ou détachement des contingences de ce monde. Les grandes institutions monastiques de Drépoung, Gandèn et Séra qui, à leur apogée, comptaient entre six mille et dix mille moines, ne peuvent avoir été des havres de paix avec un tel nombre d'hommes vivant dans des dortoirs bondés, sans confort ni distractions. Des moines policiers, les *dobdobs*, maintenaient l'ordre dans chaque monastère, tout comme d'autres policiers dans la ville, mais des échauffourées éclataient, parfois sur une grande échelle, qui pouvaient menacer la stabilité de l'État, comme ce fut le cas lors de la révolte des moines de Séra en 1947. La puissance physique et le danger que représentaient ces grands rassemblements d'hommes devaient effrayer les individus, tout comme le gouvernement. Tashi Tséring, qui fut enrôlé de force dans la troupe des danseurs du Dalaï lama en 1942 et qui rentra à Lhasa en 1966 après dix ans passés à l'étranger, décrit dans son autobiographie[1] le risque constant qu'il y avait d'être enlevé par des moines plus âgés à la recherche de jeunes gens séduisants pour en faire des partenaires sexuels. Quelque sacrée qu'en fut la conception, ce lieu n'était pas pour autant d'un autre monde.

Je m'arrêtai dans une allée au sud du Barkor, vers la maison de la famille noble des Shatra où, disait-on, vivait un couple d'Anglais. Je m'appuyai contre le mur pour reprendre mon souffle. Ils tiraient du toit du poste de police. Cela signifiait que je m'étais précipité en plein dans leur champ de tir. C'était bien la peine, alors, d'avoir de l'éducation, de savoir lire et écrire, bref, d'être intelligent.

Vers le Barkor, dans la rue que je venais de prendre, toujours dans la ligne de tir de la police, un petit groupe d'hommes se précipita dans un magasin. Ils portaient un homme bizarrement vêtu. Quelques instants plus tard, le groupe ressortit gauchement, toujours avec son fardeau. Une croix rouge était dessinée au-dessus de la porte du magasin, et je compris qu'en fait c'était une clinique, et que l'homme était blessé.

La petite troupe descendit la rue en courant et s'arrêta près de moi. Pourquoi moi ? Que pouvais-je faire ? Ils soulevèrent le vêtement déchiré qui entourait sa jambe pour me montrer le trou. Je m'affolai intérieurement : de ma vie je n'avais jamais vu une blessure par balle. J'essayai de prendre un air assuré, mais je ne pouvais pas faire semblant. « Hôpital, hôpital » répétai-je. Je les repoussai ; je les avais déjà suffisamment retardés dans leur recherche d'un médecin.

L'hôpital ? Mes cellules grises se réveillèrent. J'avais vu le groupe entrer dans la clinique sur le Barkor, et ressortir presque aussitôt. Le blessé n'avait pu être traité aussi rapidement. Le personnel de la clinique avait donc refusé de le soigner. Par conséquent, s'il allait à l'hôpital, il serait arrêté. C'est pour cela qu'ils étaient venus vers moi.

Dans le monde étrange où j'étais tombé, l'important n'était pas que les balles blessaient des gens, mais le fait qu'elles les marquaient comme des rebelles, comme des criminels : ils allaient mourir, non pas des blessures de balle, mais d'un manque de soins.

Le groupe, moitié portant, moitié traînant son ami, disparut au bout de l'allée dans le dédale des rues étroites de la vieille ville de Lhasa. De retour au Barkor, les coups de feu retentissaient encore, mais n'étaient plus qu'un

---

1. Goldstein, Siebenschu and Tséring, *The Struggle for Modern Tibet*, New York, M. E. Sharpe, 1997.

crépitement lointain, assourdi par les pierres tassées et la terre des murs épais des vieilles maisons tibétaines, comme si l'antiquité même des matériaux suffisait à absorber leur vacarme.

Certes, le Barkor était un lieu de pèlerinage, mais c'était aussi la place du marché, le meilleur endroit pour vendre des marchandises aux dévots qui, chaque jour, circumambulaient autour du Jokhang. Dans les récits des Tibétains et aussi dans ceux des visiteurs étrangers, on glorifie le commerce tout autant que la prière. « Il n'est pas d'objet qu'on ne puisse, sinon trouver, du moins commander », écrit Heinrich Harrer, lorsqu'il évoque son séjour à Lhasa dans les années 1940. Il ajoute : « Tout est là : rouges à lèvres, crèmes de beauté dans leur emballage d'origine, surplus américains datant de la dernière guerre, alternant avec des mottes de beurre de yack... Il est fréquent d'entendre les derniers enregistrements de Bing Crosby. » Kimura, l'explorateur-espion japonais envoyé pour vérifier si des armes étaient fournies aux forces de Chang-Kaï-chek à Chongqing, donne une liste encore plus longue de ce qui peut être acheté sur le Barkor : fusils américains, anglais, japonais, munitions et grenades. Tibétains et visiteurs étrangers se réjouissaient à la pensée de faire des emplettes à Lhasa, avant l'invasion, plaisir brutalement interrompu par l'arrivée des Chinois qui fermèrent la frontière avec l'Inde. « L'un des grands changements dans la ville elle-même était l'absence d'un marché central animé », note Tashi Tséring dans son autobiographie. Il ajoute : « Il n'y avait plus rien à vendre dans les rues. Les étals remplis de marchandises avaient disparu comme avaient disparu les voix des commerçants et des clients riant et marchandant et les nombreuses échoppes à thé ou à bière que j'avais l'habitude de fréquenter. À leur place, il y avait des boutiques d'État pauvrement approvisionnées. Je compris rapidement que la population était mal nourrie. Les aliments étaient rationnés et il n'y avait pratiquement plus de viande, de beurre ou de pommes de terre. J'avais vécu de longues années à Lhasa et je n'avais guère d'illusions sur ses manques. Cependant, il y avait toujours eu beaucoup de nourriture et, si vous aviez quelque argent à dépenser, vous aviez pas mal de liberté et de choix. Maintenant, la nourriture était rationnée à tous les niveaux. »

L'une des ironies tragi-comiques de l'occupation chinoise est que, depuis 1980, le principal argument de Pékin pour légitimer l'occupation du Tibet est d'avoir introduit les biens de consommation dans les magasins de Lhasa... alors que ceux-ci en étaient remplis avant leur arrivée.

Le marché de Lhasa n'était pas le seul endroit qui frappait les visiteurs, une fois qu'ils s'étaient remis de la splendeur du Potala. Bien que leurs écrits traitent longuement des aspects exotiques et mystiques de la culture tibétaine, il semble que ce qui leur donna le sentiment de la beauté et de l'éminence de Lhasa n'ait rien à faire avec la religion : c'étaient les jardins. Landon, le correspondant du *Times* de Londres qui accompagnait l'expédition britannique de 1904, est l'un des rares qui ait vraiment reconnu l'effet qu'ils produisaient :

> Cette cité au palais gigantesque et aux toits d'or, ces étendues boisées sauvages, ces hectares de maigres pâturages et d'herbages marécageux sont entourés et délimités par de grands arbres, ou par des ruisselets d'eau brune transparente au-dessus desquels les branches se rejoignent... Entre le palais sur notre gauche, et la ville distante d'un peu plus d'un kilomètre, se déploie cette luxuriance arcadienne[2], formant une ceinture de verdure... où les arbres sont suffisamment nombreux pour que Lhasa soit tenue pour une cité-jardin. Au sein de cet espace vert que n'enlaidit ni habitation ni temple, et où il n'y a aucune route (à l'exception d'une voie de déviation), Lhasa présente une physionomie avec laquelle aucune autre ville sur cette terre ne peut rivaliser. Entre et au-dessus des clairières et des bois, apparaît la cité de Lhasa, une étendue de rues étroites en terre battue et de maisons à toits plats, couronnée ici et là par le flamboiement de toits d'or et de coupoles dorées...

La carte réalisée par Zasak Tsaring, en 1959, indique environ vingt-deux parcs entourant la bourgade. Ce n'étaient généralement pas des ouvrages d'horticulture particulièrement soignés, mais des

2. L'Arcadie est une région située au centre du Péloponnèse. En poésie, on utilisait autrefois le terme d'Arcadie pour désigner une imaginaire contrée de bonheur pastoral.

espaces abandonnés à la nature. L'histoire écrite raconte que les fêtes religieuses étaient le centre de la culture de Lhasa, mais la tradition orale insiste tout autant sur les pique-niques dans les parcs de la ville. Aujourd'hui, à l'exception du Norboulingka, d'une partie du parc du Peuple et du Loukhang, les jardins ont disparu sous les bureaux, les quartiers de baraquements et les casernes qui constituent la nouvelle ville chinoise de Lhasa.

Nous trouvâmes N. près de sa chambre. Heureusement, cette fois-ci nous n'avions pas eu besoin d'entrer. Les choses ne paraissaient pas trop graves ; il restait encore quelques touristes. Nous lui dîmes rapidement ce que nous voulions et, quoi qu'il ait pu en penser, il était d'accord.
Il nous mena jusqu'à une volée de marches qui se découpaient sur le flanc de la montagne, et nous fit signe d'attendre. Il disparut derrière une porte, en haut des marches. Nous attendîmes en prenant un air aussi détaché que possible, mais nous étions déjà plus haut sur la montagne que le point où vont habituellement les touristes.
N. ressortit et nous fit signe de le suivre. Il y avait une petite antichambre et une entrée fermée par un rideau. Nous enlevâmes nos chaussures, même si cela nous faisait perdre encore du temps. Après tout, nous allions rendre visite au directeur adjoint, il fallait montrer du respect.
Il était assis sur un lit dur recouvert d'un tissu jaune, le dos à la fenêtre. Le soleil de l'après-midi ne nous permettait pas de distinguer nettement son visage, mais il paraissait très vieux, très ridé.
Il n'était pas impressionnant et ne paraissait pas sûr de lui, sans parler de charisme. C'était un homme maigre, anxieux, accablé par le poids de sa position. Au moment de la réouverture de l'école, sept ans auparavant, les survivants qui se rappelaient les sujets des cours ou qui n'avaient pas été contraints de trouver un autre travail étaient rares. On l'avait probablement forcé à accepter ce poste.
Il nous offrit des sucreries bouillies tirées d'un panier en osier. Je lui posai ma question : Nous donnait-il la permission de faire connaître les noms des professeurs emprisonnés au monde extérieur ? Oui, dit-il. Il ne leur arriverait pas plus de mal qu'ils n'en avaient déjà subi.
Ensuite, il se mit à parler. Il ne dit rien de ce que nous devions faire, mais il parla de l'école. Une élection pour le poste de directeur ainsi que pour ceux des adjoints avait eu lieu. Le choix avait été fixé à l'avance ; les Chinois avaient décidé qui serait nommé, et personne d'autre ne pouvait être élu.
Je m'étais trompé ; il était le directeur adjoint, non pas parce qu'il ne

restait plus que lui, mais parce que les Chinois l'avaient choisi. Cela voulait dire qu'ils le considéraient comme un allié. Ce n'est pas étonnant qu'il ait eu l'air si triste.

Les professeurs avaient tous voulu que le plus érudit parmi leurs maîtres obtienne le poste, mais les Chinois avaient refusé. Tout n'avait été que duperie.

Il se mit ensuite à pleurer. De vraies grosses larmes jaillirent de ses yeux. Le directeur adjoint pleurait ! Je ne comprenais plus. J'avais l'impression que les larmes allaient tomber dans le panier en osier. Il s'agissait de quelque chose à propos de l'élection que je ne comprenais pas, mais qui, apparemment, avait beaucoup d'importance pour lui.

Nous n'avions plus beaucoup de temps. Il fallait poursuivre et je ne savais que dire. Alors je lui ai posé mon autre question, ma question ultime que je voulais être un acte de générosité, qui lui montrerait que ce qu'il pensait avait de l'importance et que j'avais de l'influence : « Que devions-nous dire à notre gouvernement à notre retour ? Avait-il un message à transmettre ? - Quel gouvernement ?, demanda-t-il. - Le gouvernement anglais », lui répondis-je. Il ne pleurait plus et semblait avoir retrouvé son sang-froid. Il réfléchit un moment et, à la fin, il secoua presque imperceptiblement la tête. « Les Anglais, dit-il, nous ont déjà trahis dans le passé, et nous trahiront certainement à l'avenir. »

Il n'y avait pas de message à transmettre.

Bien que les habitants de Lhasa considèrent leur ville comme une cité de temples entourée de monastères, son plan détaillé ne fut pas déterminé par les édifices religieux. À l'exception du Jokhang, du Potala, et du cercle de monastères entourant la ville, les temples, à l'intérieur de la ville même, ne présentaient pas, à première vue, de traits architecturaux marquants : il n'y avait pas de flèche comme on en voit sur les églises, pas de pagode comme en Chine, pas de dôme comme dans l'Inde des Moghols, ni de grande place, de jardin pour souligner leur importance. Même le Ramoché, construit au VIIe siècle par Wengchèn (l'épouse chinoise du roi Songtsèn Gampo), attire moins l'attention que les grands monastères construits aux flancs des montagnes à travers tout le Tibet. Quoique les temples aient une grande signification pour les pratiquants, ceux-ci n'éprouvèrent pas le besoin d'exprimer et de mettre en valeur l'importance de ces édifices à travers leur construction et leur situation. La vocation principale de Lhasa est d'être un lieu de pèlerinage. Pourtant, si l'on étudie la disposition des rues et des maisons, on voit que ce sont les places de marché et les jardins des grands aristocrates qui ont dessiné le plan de la ville.

Il est temps maintenant de nous tourner vers la Lhasa d'aujourd'hui, mais en gardant à l'esprit ce qui vient d'être dit.

Lhasa aujourd'hui

Il n'y a jamais eu une seule ville de Lhasa, mais du moins y avait-il un langage commun dans sa construction. Aujourd'hui, il y a plusieurs Lhasa, mais leurs idiomes sont en conflit : les dialectes de Lhasa sont multiples et incohérents. Six de ces langues architecturales peuvent être aisément devinées, de même que peuvent l'être, dans une certaine mesure, les visions du monde qui en sont solidaires.

Dans la ville originelle de Lhasa, la notion de « quartier tibétain » est associée avec le pourtour du Jokhang et évoque un secteur ancien et anachronique d'une autre ville, dont toutes les autres parties appartiendraient à une époque différente. Le quartier tibétain est composé d'un dédale de rues surpeuplées conduisant au Barkor, centre de pèlerinage et de commerce qui converge sur le Jokhang. Quelques-unes des grandes demeures d'aristocrates subsistent, telle celle de la famille Shatra mais, depuis 1960, toutes les maisons traditionnelles, actuellement propriétés du gouvernement ou de propriétaires absents, ont été laissées à l'abandon et sont dans un tel état de détérioration que leur démolition semble s'imposer. Chaque printemps, après le Nouvel An tibétain, la vague de destructions recommence, et plus de quarante bâtiments traditionnels sont alors démolis. À la fin du siècle, ils auront tous disparu, à l'exception du Jokhang et de quelques temples protégés parce que classés monuments historiques. Aujourd'hui, seuls deux cents de ces vieux bâtiments sont encore debout, mais les grandes maisons n'existent plus. Il ne reste que de petites constructions quelconques, qui attendent désespérément d'être restaurées.

Depuis que les grandes maisons n'exercent plus leur domination sur l'aménagement du quartier tibétain, ce rôle a été repris par les places de marché qui subsistent telles que le Barkor, toujours animé, avec ses boutiques, ses étals, mais aussi le Tromsikhang. Durant des siècles, il y eut un marché au nord de cette maison dans laquelle, au XVIIIe siècle, deux des *ambans* - commissaires envoyés par les empereurs mandchous pour les représenter au Tibet - furent tués dans leurs chambres par la foule tibétaine. De fait, Tromsikhang signifie le « Bâtiment d'où l'on peut voir le marché ». Le marché est installé, aujourd'hui, dans un édifice construit à cet effet, et il abrite mille huit cents boutiques. C'est le plus grand centre commercial du Tibet, mais la plupart des occupants ne sont pas des Tibétains. Au coin des rues, des Khampas font le trafic de fausses turquoises et d'œils-de-chat du Tibet oriental, des nomades du Changtang vendent des peaux de yack, du beurre et de la viande. Commerce et pèlerinage prospèrent toujours dans la vieille ville.

De chaque côté du quartier tibétain s'étend le reste de la cité, en une ligne continue de l'ouest du Jokhang vers le Norboulingka, et au-delà jusqu'à Töloung ; depuis la mosquée, à l'est du quartier tibétain, jusqu'à Karma Kunsang. La bourgade, qui ne s'étendait encore dans les années 70 qu'entre le Barkor et le Lingkor, et seulement dans cette aire proche du Jokhang, couvre maintenant l'espace entre le Barkor et le cercle formé par les grands monastères de Drépoung et de Séra. L'agglomération atteint donc le pied des montagnes sur lesquelles sont bâtis les deux monastères de Drépoung et de Séra. À ce jour, rien n'a été construit sur leurs pentes, si l'on excepte quelques édifices religieux ; en revanche, le fond de la vallée a été comblé partout où les marécages ont pu être drainés.

Nous ne savons pas la place que tient ce grand Lhasa dans l'esprit du bouddhiste tibétain traditionnel, pour qui le centre de la ville reste le Jokhang. Nous pouvons cependant présumer que la Lhasa de l'administration chinoise ou des hommes d'affaires tibétains modernes est ordonnée suivant un schéma différent. Pour eux, le centre est peut-être le quartier général du Parti dans l'ancien Shougtri Lingka, ou le magasin de l'Amitié dans la rue du Peuple ; cela dépend probablement de leur lieu de travail, et de qui ils sont.

Leur conception de la ville est vraisemblablement fondée sur la configuration qui sous-tend le nouveau tracé des rues de la cité. Cette configuration est une grille. De longues avenues, droites comme des voies romaines, orientées d'est en ouest et du nord au sud, séparent les bâtiments du nouveau Lhasa. Les deux avenues, « de Pékin » et « de Jinzhu Lu », longues chacune de 8 kilomètres, traversent le quartier tibétain à leur extrême est. Il ressemble ainsi à une tache d'encre sur la carte de la ville qui, sans cela, serait parfaitement nette. Pour ces personnes, la nouvelle ville de Lhasa, au-delà du Barkor, peut sembler ordonnée, symétrique et précise.

C'est une réincarnation, un moine, m'avait-on écrit. Pour ceux qui ne faisaient pas parti du noyau d'activistes, il n'était qu'un jeune homme qui allait en boîte de nuit, se saoulait et vivait avec son père - qui n'était d'ailleurs pas son père - dans un petit appartement, à l'ouest de Lhasa. On m'a montré sa lettre, mais il n'était pas question de religion et de plus, personne ne l'avait jamais vu s'approcher d'un temple. Toujours est-il qu'il n'avait jamais écrit de sa propre main auparavant, et ses amis insistaient sur l'importance de tout ce qu'il disait.

Il y avait sept ans que je n'étais pas retourné au Tibet. Quand, enfin, nous avons atteint le Népal, après de longues journées de marche à travers les congères et les vestiges de maisons balayées par une avalanche, je me mis à pleurer. Mes larmes étaient moins des larmes de tristesse que des larmes de soulagement. Néanmoins, en me retournant pour regarder les montagnes qui s'élevaient au-dessus du village de Dram et du pont de l'Amitié, le Tibet me paraissait magnifique et majestueux, et Dram, perché sur les pentes lointaines, donnait une impression de solidité et de modernité que n'avaient pas les taudis et les cabanes népalaises.

En mon for intérieur, je l'appelais le « soi-disant moine ». Mais lui, telles les montagnes, dominait son petit monde. On disait que c'était grâce à lui que les gens de Lhasa apprenaient qui était en prison, quels étaient les prisonniers placés en isolement qui avaient été battus, et qui avait organisé une protestation contre les conditions de vie pénitentiaires. C'était encore l'époque où, même en prison, les Tibétains se révoltaient. Des années durant, le bruit avait couru que le « soi-disant moine » faisait entrer clandestinement de la nourriture dans les prisons pour que les prisonniers aient plus de chances de rester en bonne santé. Un de ses cousins était soldat, disait-on, et c'est grâce à cela qu'il pouvait faire autant.

Dans la lettre il réclamait de l'argent, une petite quantité seulement. Il en avait besoin pour acheter des vêtements pour les prisonniers. Il avait même inclus un budget, précisant le nombre de prisonniers ayant besoin de paires de baskets. J'avais déjà vu ça !

Plus tard, j'appris qu'un de ses parents avait également reçu une lettre et lui avait envoyé de l'argent. C'était toujours pour des baskets, mais pour beaucoup de baskets, cette fois. Il voulait monter une affaire dont les bénéfices serviraient à rembourser le prêt, et à financer le coût des chaussures pour les prisonniers. Mais l'affaire ne vit jamais le jour, et le prêt ne fut jamais remboursé.

On me parla d'une dernière lettre en 1993. Mais quelque chose avait changé. Lhasa était en train de devenir une zone économique privilégiée, c'est-à-dire que les habitants bénéficiaient de taxes moins élevées, de profits plus importants, et de nombreuses primes afin d'encourager les affaires. De plus, tous ceux qui apportaient des devises étrangères recevaient aussi une prime. Soudainement, les Tibétains avaient la possibilité de s'enrichir, surtout s'ils savaient parler.

Je savais qu'un autre de ses amis avait également reçu un message. Cette fois, il réclamait des montres d'une marque particulière. Ils étaient vaguement apparentés, et aucune question ne fut posée. De toute façon, il était un *pawo*, un héros. Son ami acheta trois montres, et les lui fit parvenir en main propre, pensant qu'il devait en avoir besoin pour soudoyer les fonctionnaires des prisons ou la police.

Dans sa dernière lettre, le « soi-disant moine » exposait sa dernière idée pour financer l'habillement des prisonniers : on lui avait proposé d'investir dans une nouvelle entreprise, une fabrique de tapis aux motifs modernes. Après tout, les tapis tibétains étaient parmi les meilleurs au monde d'après les journaux chinois. Il avait besoin de 30 000 dollars.

Même ses parents n'ont pas répondu.

L'ouverture du secteur privé n'était pas le seul changement survenu en 1993. Parallèlement, le mouvement clandestin fut écrasé. En avril, un homme du Tromsikhang avait été détenu. Il avait donné des noms, ce qui signifiait qu'il avait été torturé. D'autres membres de son groupe avaient également parlé, et au moins un parmi eux devait être en relation avec un autre noyau. À la fin de l'été, une demi-douzaine de mouvements, tous portant des noms tels que les « Jeunes Tigres », la « Jeunesse des Trois Régions » ou les « Jeunes Lions pour la liberté », avaient disparu.

Pendant une de leurs descentes, les policiers avaient trouvé une machine à écrire, mais ils savaient aussi une chose à propos de l'homme qui vivait dans cette chambre : il était illettré. Ils cherchèrent ailleurs et, chez un voisin, ils trouvèrent des livres ; parmi ceux-ci, ils trouvèrent des lettres,

> et parmi celles-ci, un compte rendu sur les conditions de vie en prison. La personne qui écrivait les lettres était d'une nature discrète, mais avait l'habitude de fréquenter, le soir, un certain appartement où vivait le « soi-disant moine ». Ainsi la police arriva jusqu'à lui, à moins, bien sûr, qu'elle ne le connût déjà.
>
> Aujourd'hui, personne ne parle plus du « soi-disant moine ». Même un de ses proches restait vague à propos d'un coup de fil qu'il lui avait donné de Pékin pour discuter en urgence de sa dernière proposition. Personne ne mentionne plus sa lignée spirituelle. De même, on ne parle plus de la façon dont il gagne sa vie depuis 1993, ni de ses entretiens quotidiens avec son ami soldat.
>
> Je ne sais plus ce qu'il devient ces jours-ci. Peut-être un de ses investissements a-t-il réussi, ou peut-être quelqu'un a-t-il cru à son affaire de baskets. Je n'en sais rien. Mais depuis que j'ai appris, il y a trois ans, qu'une information valait 400 yuans, l'équivalent de deux mois de salaire, j'ai le sentiment, d'après ce que j'ai entendu, qu'il ne se débrouille pas trop mal.

Le plan de la reconstruction semble s'être dessiné lentement dans l'esprit des dirigeants chinois. Après leur arrivée en force en 1951 - en dépit du passage de quartiers entiers au bulldozer dans les villes de Chine, pour faire place à des champs de parades ou à des usines - les Chinois agirent avec prudence au Tibet, évitant les manifestations grandioses, et veillant à ne pas outrepasser leurs possibilités. Durant les premières décennies suivant la suppression de la résistance en 1959, il y eut peu de projets d'expansion urbaine à Lhasa. Le nouvel État acheta ou s'appropria les habitations des exilés ou des aristocrates, ou bien il construisit des bâtiments temporaires à l'extérieur de la ville, à quelque distance de la ville. Le quartier général du Parti n'était pas encore installé dans le Shougtri Lingka, au pied du Potala ; il fut discrètement construit près du vieux village de Gönpasar, aussi loin que possible au nord-ouest de Lhasa, mais cependant dans la vallée. L'ironie est que cinquante ans auparavant, lors de leur invasion alibi, les Britanniques, désireux de ne pas donner prise à l'opposition dès leur arrivée, avaient disposé leurs troupes presque au même endroit.

Les dortoirs et les bureaux chinois construits avant la fin des années 70 furent installés à la périphérie de la ville, où ils donnaient l'impression d'une agglomération satellite. Peut-être étaient-ils semblables à un cantonnement dans l'Inde britannique, une ville parallèle, adjacente à la ville indigène, mais qui conservait son caractère propre et son mode de vie particulier. En 1984, à la suite d'une grande convention intitulée le Second Forum national du travail sur le Tibet, Pékin décida d'investir dans quarante-trois grands projets de construction au Tibet, et une série d'édifices imposants furent bâtis dans les faubourgs de Lhasa : l'Hôtel Lhasa, la maison de l'Art des masses populaires, l'hôpital du Peuple, une gare routière, etc.

Un an plus tard, la vague de construction atteignit le cœur du quartier tibétain : les bâtiments, sur le côté ouest du Jokhang, furent démolis pour être remplacés par le square du Barkor, place piétonnière entourée de boutiques modernes avec un petit jardin en son centre. Ce qui avait été un cantonnement était devenu une ville nouvelle qui commençait à remplacer la ville traditionnelle tant par sa taille et sa fonction que dans sa signification.

Les bâtiments de la nouvelle ville chinoise de Lhasa, grands, symétriques et réguliers, étaient l'expression architecturale de la solidité et des intentions du nouveau régime : ni somptueux, ni solennels, comme l'étaient les grandes constructions laissées par les pays européens dans leurs colonies, c'étaient généralement des blocs carrés fonctionnels, sans décoration ni ornement, enfermés dans une enceinte carrée.

Les nouvelles rues et les nouveaux bâtiments furent nommés d'après les réalisations revendiquées ou espérées par le nouveau régime - le palais de la Culture du peuple, le grand magasin de l'Amitié, la rue du Peuple, la rue du Bonheur. Rétrospectivement, on peut dire que les Chinois ont fait un choix de noms malheureux puisqu'il peut laisser entendre que, faute de pouvoir annoncer les succès de leur mission civilisatrice, ils ont jugé nécessaire d'inscrire, dans la pierre, les buts qu'ils affirmaient avoir atteints. Il y avait aussi des espaces publics, notamment le parc du Peuple, contigu au quartier général du gouvernement.

Ce n'était pas la première fois que des dirigeants étrangers cherchaient à s'affirmer en redessinant les rues d'une cité conquise. En

1767, par exemple, les Hanovre, rois d'Angleterre, entreprirent, après leur annexion de l'Écosse, un programme de construction au nord d'Édimbourg. Les places élégantes et les hôtels particuliers du nouveau projet furent disposés en une suite de rectangles et d'avenues en forme de grille qui, à l'époque, s'étendaient sur un côté de ce qu'on appelle maintenant la Vieille Ville. Aujourd'hui, cette grille est le moteur de la cité, son centre, et définit son style. « La construction de la nouvelle ville contenait beaucoup de messages », écrit un géographe écossais : « La ville faite de lignes droites et de rectangles, qui contrastait avec la densité organique de la vieille ville, constituait une métaphore pour une société éclairée [...], un univers rationnel et ordonné, ouvert à la compréhension des hommes et à leur contrôle[3]. »

À la différence des communistes chinois, les Hanovre n'avaient pas eu recours aux rues pour décrire leurs réalisations ou pour rappeler les sources de leur autorité. Plus simplement, ils désignèrent les nouvelles rues d'après les membres de leur famille : la rue Frédéric, la rue Hanovre, la rue de la Reine, la rue George, la rue de la Princesse, la place Charlotte. Cependant, d'une certaine façon, la situation à Lhasa ressemblait beaucoup à celle d'Édimbourg. D'une part, Lhasa était aussi la capitale d'un pays montagneux, avec une culture religieuse solide et traditionnelle, haïe par les nouveaux dirigeants ; d'autre part, la ville avait aussi été annexée, sous une apparence légale, par un État voisin. Dans les deux cas, les nouveaux souverains appartenaient à une dynastie émergente qui avait des idées étrangères, des idées « protestataires ». Les deux dynasties étaient capables d'une excessive cruauté - comme les communistes chinois plus tard, les Hanovre en 1745, lors de l'écrasement sanglant du soulèvement catholique, menèrent une campagne d'une extrême sauvagerie contre les opposants à l'annexion. Dans les deux cas, les souverains attendirent vingt ans après l'écrasement des rébellions pour investir les capitaux

3. John Rennie Short, *The Urban Order. An Introduction to Cities, Culture and Power*, 1996, Cambridge, Massachussets, p. 399, citant P. Reed, « Form and Context : a Study of Georgian Edinburgh », *in* T. A. Markus (ed.), *Order in Space and Society Architectural Form and its Context in the Scottish Enlightenment*, 1982, Édimbourg.

considérables, nécessaires à la reconstruction de la cité, dans un style qui donnerait une nouvelle vision du monde.

Au milieu des années 80, alors que s'accélérait la libéralisation de l'économie chinoise, des signes montrèrent que les nouveaux plans de Lhasa allaient s'affranchir de l'austérité de l'utilitarisme stalinien, le style dans lequel tout avait été construit jusqu'en 1984. On annonça que des arbres seraient plantés le long des nouvelles artères de la ville. Ils étaient même définis, dans le plan officiel de la ville de 1980, comme l'un des trois critères selon lesquels Lhasa pouvait être reconnue comme une « cité socialiste moderne ». « Lhasa doit être construite d'une façon graduelle et rationnelle, conformément aux critères suivants : être bien structurée, riche des caractéristiques nationales, et plantée de beaucoup d'arbres pour assurer un environnement convivial, etc., *(sic !)* afin de créer une ville qui soit relativement parfaite, favorable à la production, commode pour la vie de tous les jours, riche, civilisée et propre. »

En ces jours heureux d'un libéralisme chinois relatif, c'était une façon de reconnaître un caractère proprement tibétain à la cité que l'on planifiait ; les jardins, nous l'avons vu, avaient été un trait dominant de la ville traditionnelle et, pour les Chinois, ils suggéraient probablement une rupture avec l'ère utilitariste et maussade du maoïsme qui venait de prendre fin. Ils signalaient l'espoir que la planification centralisée encouragerait l'individualisme et les initiatives privées, comme elle avait essayé de le faire avec les entreprises collectives. Cependant, la conception chinoise des jardins, dans les années 1980, n'était pas celle des parcs sauvages et non entretenus de la vieille ville de Lhasa, mais d'une végétation bien ordonnée au bord des routes. Les planificateurs avaient à l'esprit un boulevard bordé d'arbres.

En fait, les Chinois avaient essayé de créer des boulevards à Lhasa, dans les années 50, avant le soulèvement et la fuite du Dalaï lama, lorsque la politique de Pékin à l'égard du Tibet central était encore relativement souple. Les nouveaux arbres furent la première chose que remarqua Tashi Tséring lors de son retour à Lhasa en 1966. « Dix ans ont passé depuis que j'ai quitté Lhasa pour l'Inde, et beaucoup de choses ont changé. Lorsque j'ai regardé autour de moi, j'ai été frappé par le grand nombre de maisons nouvelles, de bâtiments et de routes. La taille et l'étendue de Lhasa avaient augmenté démesurément. Je fus particulièrement impressionné par les arbres plantés le long des avenues, et je pensais que c'était une très belle réalisation. Quoi qu'il en soit, j'ai appris rapidement que les changements extérieurs ne constituaient pas toute l'histoire. »

Les Tibétains l'avaient d'ailleurs remarqué. Les aristocrates n'avaient jamais été opposés à la création de jardins bien ordonnés, et beaucoup de maisons avaient leurs fenêtres garnies de jardinières lorsque les Anglais arrivèrent. Ils en furent très impressionnés. Dans les années 1930 et 1940, la résidence de Grande-Bretagne à Dekyi Lingka, à côté du Norboulingka, était admirée pour ses fleurs et ses légumes soigneusement cultivés. Le jardin dénotait, en miniature, l'élégance et la puissance des Hanovre. Tout comme le costume que portaient les diplomates britanniques lors des cérémonies officielles à Lhasa - un gilet et une culotte serrés, presque semblables à l'habit de cour du XVIIIe siècle, qui contrastaient avec les robes volumineuses et amples des dirigeants tibétains - le jardin reflétait le sens du raffinement impérial et du contrôle sur la nature. Les avenues bordées d'arbres que les Chinois planifiaient au Tibet étaient peut-être destinées à exprimer de semblables idées.

Quand le monumental rencontre les vitres bleues

Généralement les grands empires ne s'en tiennent pas au simple remplacement des rues tortueuses de leurs colonies par des avenues géométriques ; parvenus à un certain degré d'assurance, ils tendent à construire de grands monuments à leur propre gloire ou à celle de leurs idéologies. Trafalgar Square à Londres, les Champs-Élysées à Paris et la place Tiananmen à Pékin reflètent dans les métropoles la célébration du pouvoir impérial et de la confiance en soi ; celle-ci s'exprime dans des constructions en pierre à la formulation linéaire, planifiée à grande échelle et répétitive. Dans les capitales coloniales, de tels témoignages contrastaient vivement avec les villes qui avaient, jusqu'alors, grandi de façon organique, évoluant sur une longue période, sous l'influence d'une multitude de raisons fonctionnelles et religieuses, pour donner une forme particulière aux lieux et à leur culture.

Ce genre d'architecture n'est arrivé à Lhasa qu'en septembre 1995, lorsque les autorités décidèrent de célébrer, d'une manière frappante, le trentième anniversaire de l'autonomie de la région du Tibet. Ils planifièrent alors soixante-deux projets de construction, comme une sorte de cadeau d'anniversaire à la région : hôtels, bureaux administratifs, centrales électriques et lignes de télécommunications. « Leur importance réside dans l'amélioration de l'infrastructure arriérée du Tibet », écrivit un officiel. Mais il ne mentionna pas deux projets qui concernaient des bâtiments pour le quartier général du Parti communiste.

Il était temps de retourner à Lhasa. Cela faisait déjà un certain nombre d'années, et je n'étais qu'à quelques jours de voyage. À cette époque, il n'y avait presque plus de manifestations au Barkor, ni de police armée sur les toits pour surveiller. J'avais lu que le palais de la Culture du peuple était devenu une discothèque, qu'il y avait des maisons de tolérance tout au long de la rue menant au camp militaire, et qu'on pouvait voir un panneau publicitaire géant de Ruud Gullit vantant les chaussures Adidas. Le Rambo Bar, une simple cabane en face du parc du Peuple, avait été remplacé par un vrai bâtiment où l'on vendait des pièces de rechange pour les voitures Peugeot.

J'avais aussi entendu dire que les hôtels s'étaient améliorés et que les rues étaient tellement encombrées de taxis et de voitures particulières qu'il y avait des embouteillages sur Beijing Lu. Il y avait aussi beaucoup de grands hôtels, un parc de distractions près de Töloung, et un complexe de loisirs en construction sur l'île aux Voleurs qui, une fois terminé, comprendrait un casino.

J'étais un peu inquiet que mon nom apparaisse sur l'ordinateur, mais c'était probablement de la paranoïa de ma part. Chaque hôtel possède maintenant un ordinateur mais il ne fonctionne pas toujours. J'appris que le mois précédent, l'ordinateur de l'hôtel Kyichou était tombé en panne. Apparemment ce fut un problème, et l'hôtel fut fermé pendant trois mois, car le personnel avait omis d'enregistrer trois voyageurs. Dommage ! la boîte de nuit de l'hôtel était censée être la meilleure de la ville. En fait, le personnel de l'hôtel avait enregistré les voyageurs, mais n'avait pas transmis l'information par modem à la police des Affaires étrangères. C'était pourtant la raison pour laquelle les ordinateurs avaient été mis en place. Malheureusement pour l'hôtel, un des voyageurs était un politicien américain et le personnel l'ignorait. Et voilà, l'hôtel était maintenant fermé.

Au moment où j'arrivais au poste de police de Dram, à la frontière, les ordinateurs, là aussi, étaient tombés en panne. Cela m'arrangeait plutôt. Le policier vérifia dans un registre si mon nom ne figurait pas sur la liste des personnes indésirables. Le texte était en chinois, mais les noms étaient clairement inscrits en gros caractères latins. Je parvins à lire un des noms à l'envers, celui d'un journaliste anglais qui avait fait plusieurs films sur le Tibet. À côté de son nom figuraient tous ses pseudonymes. Je ressentis une pointe de jalousie. Mais ensuite, je me rappelai que j'étais plutôt soulagé de ne pas être connu.

L'hôtel du Gouvernement où j'étais descendu dix ans auparavant, paraissait encore plus démodé qu'avant et les routes étaient en bien plus mauvais état. Nous étions obligés de sauter d'un pavé à l'autre pour éviter la boue, mais la rénovation urbaine se faisait sentir même jusqu'ici : nombreuses petites échoppes tenues par des Tibétains, construction d'une somptueuse arche à l'entrée de la ville, antennes paraboliques sur les toits. Un fermier descendu des montagnes, vêtu d'un manteau usé, se tenait devant une maison de thé chinoise et regardait les images qui défilaient, à l'intérieur, sur l'écran d'une télévision, jusqu'à ce que les propriétaires le chassent. Sur le toit, un haut-parleur diffusait la bande sonore du film. Ni lui ni moi ne comprenions le flot de paroles qui résonnait dans la ville, et que lui-même et ses compagnons, fermiers, devaient aussi entendre d'un bout à l'autre de la vallée.

Sur un des murs de la maison de thé, il y avait une photographie en couleurs d'un boa constricteur enlaçant les parties intimes d'une femme européenne nue. « Nastassia Kinski et le serpent » déclarait la légende, écrite en caractères gras au bas de l'affiche. Sur l'autre mur, un policier saluait d'un air sévère : « Avis de la police. Nous maintenons consciencieusement l'unité nationale », décrétait le panneau dans les trois langues.

À la même date, des équipes de construction, travaillant sur ordre des plus hautes autorités de Pékin, avaient terminé, au pied du Potala, un vaste terrain d'exercice militaire, avec, au centre, un mât pour lever les couleurs, et une fontaine décorative construite sur le dos de deux dragons chinois en pierre. C'était un espace d'une remarquable inutilité, universellement regardé comme une sorte de réplique de la place Tiananmen de Pékin. Les deux espaces sont conçus pour de somptueuses cérémonies, pour des parades, pour de grands rassemblements, bref, pour des manifestations où le message vaut moins par les discours que par le nombre de personnes présentes, et dont le regard n'est dirigé que dans une seule direction. Auparavant, de telles manifestations se déroulaient dans le stade des Sports du peuple, lieu qui n'était pas spécialement destiné aux réunions politiques et aux meetings obligatoires. Maintenant, Lhasa est dotée d'un espace où les dirigeants peuvent faire de grandes déclarations.

La construction de la nouvelle place du Potala avait nécessité la démolition de pratiquement tout le village de Shöl, dernier secteur de l'habitat traditionnel tibétain en dehors du Barkor. La nouvelle place a un autre défaut : son ridicule. De même que le monument à la gloire de Victor-Emmanuel II est appelé le « gâteau de mariage » par les Romains, cette place, à l'instar de tout monument démesuré, prête le flanc à la satire ; les habitants de Lhasa l'appellent la « place Kalachakra », car elle sera assez spacieuse pour que les Tibétains s'y rassemblent quand le Dalaï lama sera en mesure d'y revenir et d'y accomplir une cérémonie de ce nom, dédiée à la paix dans le monde.

Le style monumental délivre d'autres messages, de moindre importance certes, mais tout aussi ridicules. Les Chinois ont érigé une statue géante de deux yacks dorés à un carrefour, en deçà de la nouvelle place du Potala. Il s'agissait vraisemblablement, comme dans toutes les entreprises chinoises d'éducation civique, de contrer la prééminence de la religion dans l'organisation du calendrier et de la ville, en rappelant aux Tibétains la source séculaire de leur richesse. Mais les habitants voient les deux yacks sous un jour différent. Pour eux, ils représentent les deux Tibétains les plus importants de leur « gouvernement de Vichy ». Ils ont même imaginé une conversation entre les deux animaux. L'un d'eux est Pasang, la dame tibétaine ayant le plus haut rang dans le Parti communiste. Tout en levant les yeux, elle s'exclame que les choses prennent une très mauvaise tournure et que le ciel va lui tomber sur la tête. L'autre yack est Raidi, le Tibétain occupant le plus haut poste dans le Parti. Il lui répond que cela n'a pas d'importance tant qu'ils peuvent augmenter le prix des carburants.

Sur le plan de l'architecture, la nouvelle place du Potala constitue un incident majeur, certes, mais pas tout à fait typique. C'est une sorte de défi en béton, pour affirmer confiance et résolution, un an juste après l'échec de la menace de Washington d'imposer un embargo commercial sur la Chine en raison de ses violations des droits de l'homme. Cette assurance est un phénomène récent ; il est à l'origine d'un autre modèle architectural qui a déjà remplacé le style monumental ; le verre et le chrome ont supplanté le béton.

Le ciment : les cimenteries ont été, pendant des décennies, les principales industries dans la région de Lhasa ; sans elles, les travaux de reconstruction, même de moindre importance, d'avant les années 1980, n'auraient pu être exécutés. Elles étaient un appendice hideux à la ville. Les Tibétains qui y travaillaient durant la Révolution culturelle, meurent aujourd'hui de cancers dus, peut-on penser, aux nuages de poussière. Les cimenteries auraient dû permettre d'abattre moins d'arbres - ce qui n'était qu'un vœu pieux puisque les forêts du Tibet sont toujours déboisées pour approvisionner le marché chinois - mais elles ont acquis une importance particulière à Lhasa, du fait qu'aucune autre industrie, ou presque, ne s'est établie dans la région depuis l'arrivée des Chinois. Alors que l'industrie lourde a été considérée par la Chine, selon le modèle stalinien, comme la clé de son développement, le ciment reste le principal produit industriel au Tibet. Jusqu'à ce que la voie ferrée, qui devrait relier la Chine à Lhasa soit construite, et que les routes soient suffisamment bonnes pour que les mines puissent être exploitées avec profit, la construction demeure l'industrie principale du Tibet, et le ciment son produit majeur.

Dans les années 90, le béton, à l'origine de la construction de quarante-trois projets en 1984 et de soixante-deux projets en 1994, de la place du Potala, des innombrables ensembles de dortoirs et de bureaux, fut soudainement supplanté par l'architecture moderniste qui s'abattit sur Lhasa. Partout dans la ville, des bâtiments de forme pyramidale avec des façades en verre, des tours, des charpentes en acier et des profils asymétriques furent construits. Le rectangle vertical devint désuet ; la forme géométrique avait fait son entrée. On vit alors apparaître des immeubles à étages multiples, affichant une prétention esthétique, un individualisme et une certaine audace architecturale. Plutôt qu'une évolution, on assista à un changement total par rapport au caractère indifférencié du style de construction urbaine et planifiée qui avait prévalu jusqu'alors. Mais, tout comme durant l'époque précédente, le nouveau style était un hymne architectural à la gloire de Deng Xiaoping.

Deng était sorti de sa retraite en 1992, pour visiter, à grand renfort de publicité, le sud-est de la Chine, où les plus grandes villes faisaient l'expérience d'un capitalisme plus ou moins libéral. Le voyage fut largement présenté par la presse chinoise officielle comme un signe d'approbation à la réforme économique accélérée initiée par Deng. Par voie de conséquence, il fut annoncé que cette nouvelle politique ne devait pas être confinée à la bande côtière mais, au contraire, être appliquée à tout le pays. En pratique, la réforme rapide signifiait que, publiquement, les entreprises privées devaient être développées à tout prix et, moins clairement, que l'État ne garantissait plus le financement de l'éducation, des services de santé, de l'assistance sociale. L'application de ces réformes fut appelée la « Marée de printemps » parce qu'elle devait balayer tout le pays, y compris les régions « arriérées » de l'Ouest.

À Lhasa, un combat passionné mais vain s'ensuivit, mené par des politiciens tibétains qui s'opposaient aux nouvelles mesures, sachant pertinemment qu'elles signifiaient un accroissement de l'immigration chinoise dans la région. En quelques semaines, leur échec eut des conséquences visibles dans les rues de la ville, non pas du fait de changements organiques, mais de la politique du gouvernement central. En avril de la même année, tous les services du gouvernement reçurent l'instruction de transformer en magasin le rez-de-chaussée de tous les immeubles qu'ils possédaient le long des rues principales. Ce sont les boutiques, les « boxes », que l'on peut voir encore dans toutes les rues principales de Lhasa, et qui ont été louées à une nouvelle espèce d'« entreprises individuelles », chinoises pour la plupart. En 1993, il y avait 5 300 entreprises individuelles à Lhasa, contre 489 dans tout le Tibet central quinze ans auparavant. Partout où c'était possible, de nouveaux locaux fonctionnels furent construits pour abriter des marchés et des magasins à grande surface.

L'architecture du petit commerce fut la première vague de cette Marée. Son visage était alors quelconque : de petites boutiques semblables à des garages, avec des enseignes ou des pancartes voyantes, établies tout au long des principales artères ; ou des halles marchandes rectangulaires sans caractère aucun. Le grand changement vint un an plus tard, lorsque la « Marée » commença à attirer des investissements sérieux. Le style changea soudainement, passant du bâtiment en forme de cube et du bar karaoké à un nouveau modernisme, mettant en vedette les vitres bleues, les grandes diagonales et les figures géométriques. Le front de mer de Shanghai s'était transporté au Tibet avec une étonnante rapidité.

Autre nouveauté : les épiceries de Dram avaient des cabines téléphoniques. C'étaient de petites cabines en bois construites sur la rue, devant les épiceries, avec un petit banc pour s'asseoir. Alors je compris que les choses avaient vraiment changé. Il était maintenant possible d'appeler l'Europe directement. Les télécommunications avaient atteint cette ville, avant même que la route ne soit terminée.

Cela faisait deux heures que j'étais au Tibet, et je commençais à me détendre un peu. Le propriétaire de la cabine s'assit à côté de moi tandis que je téléphonais. Il voulait pratiquer son anglais. Il prononça quelques mots dont « Dharamsala », la ville où réside le Dalaï lama en Inde. Je lui répondis que j'en avais entendu parler. Il n'eut aucune réaction. Les affaires allaient bien, dit-il, les impôts étaient élevés, mais les choses n'allaient pas trop mal. Il était venu de l'est avec son frère pour monter une petite pension. Ensuite, presque incidemment, il mentionna le Dalaï lama.

Oui, lui répondis-je, j'en avais entendu parler. C'était une personne bien. Il savait, me dit-il, que le Dalaï lama venait de se rendre à Taiwan. On devait parler depuis quelques minutes, et je commençais à être un peu nerveux. Je lui demandais si le fait de me parler n'allait pas lui attirer des ennuis. Il me répondit que non, que tant que..., et là, il passa au tibétain, nous ne parlions pas de politique, il pouvait pratiquer son anglais. Je me détendis ; cela me convenait tout à fait. Moi non plus, je ne voulais pas parler de politique. Nous n'avons plus parlé du Dalaï lama mais des affaires.

Je sortis un crayon et un bout de papier pour lui expliquer quelque chose à propos du coût d'un appel téléphonique. Quelque sept ou huit minutes s'étaient écoulées depuis qu'on parlait. Je vis tout d'un coup le visage de l'homme se transformer ; il regardait par-dessus mon épaule, et j'entendis un flot d'invectives derrière moi, en chinois. C'était un jeune homme portant un anorak. Il avait l'air très en colère. Quelque chose ne tournait pas rond et, de toute évidence, il s'agissait de ma personne. « Vous devez vous en aller immédiatement », me dit le propriétaire de la cabine.

Je m'éloignai sans trop me presser pour ne pas le compromettre davantage. Je n'avais pas compris ce que disait l'homme en anorak, mais il était clair que nous n'aurions pas dû parler. Rien n'indiqua que le propriétaire de la cabine dût être emmené ; il s'agissait plutôt d'un avertissement public. Je me dis qu'après tout, nous n'étions restés ensemble que dix minutes, y compris le temps que j'avais passé au téléphone. Mais je savais que cela entrerait dans son dossier ; tout le monde a un dossier en Chine. Je les avais vus, dix ans auparavant, le matin où, après avoir mis le feu au poste de police du Barkor, les gens hurlaient de joie en les découvrant. Ils les avaient brandis avant de les jeter dans les braises du bâtiment.

Le papier et le crayon avaient peut-être attiré l'attention de celui qui pouvait être un policier en civil, ou un officiel du Parti, ou un gardien de la sécurité de l'État, ou un membre du comité local, ou je ne sais qui d'autre. En fait, le problème ne venait pas tant de parler politique que de donner l'impression d'en parler.

J'avais déjà commis une erreur fondamentale. J'étais au Tibet depuis trois heures à peine, et il était déjà temps de repartir. Là où je n'avais aucun passé et où les ordinateurs n'étaient même pas branchés, je m'étais arrangé, en moins de trois heures, pour compromettre quelqu'un. Il n'était plus question d'aller à Lhasa.

Cette arrivée brutale d'un nouveau style ne pouvait être le fait d'un simple hasard : quelque chose avait changé, qui l'avait rendu possible, et ce quelque chose était probablement l'argent. Les autorités centrales avaient apparemment demandé aux banques de prêter de fortes sommes d'argent aux entrepreneurs désireux de construire de vastes locaux commerciaux. Les taux d'intérêt étaient fixés à un niveau artificiellement bas, et les entrepreneurs étaient encouragés à spéculer sur les marchés avec cet argent alors que la construction était en cours. Ils pouvaient donc gagner plus d'argent en plaçant le prêt, durant six mois, à la bourse de Hongkong, plutôt qu'en essayant de faire du nouveau projet, une fois exécuté, une entreprise profitable. Le succès de l'affaire devenait ainsi secondaire, comparé à la spéculation sur l'argent de l'emprunt. Plus le projet de construction était important, plus importants aussi pouvaient être le prêt sollicité ainsi que les gains retirés du marché monétaire.

C'est pourquoi, en 1994, le plan commercial le plus sérieux, à Lhasa et dans tout le Tibet, fut celui qui demandait les dépenses les moins élevées pour son fonctionnement et les moyens de financement les plus grands pour son exécution. Le résultat s'inscrit maintenant dans les lumières au néon de chaque côté de la rue : il se nomme karaoké. Lhasa est devenue une ville de bars, de boîtes de nuit et de maisons de passe ; il y en aurait plus de trois cents actuellement. Le palais de la Culture du peuple a été rebaptisé JJ's, d'après la discothèque de New York, et des boîtes de nuit ont été créées dans le nouveau style moderne, portant leur nombre à une trentaine - Sunlight, Dynasty, Sun City. En même temps, un consortium de Macao, en association avec le gouvernement de Lhasa, a construit un complexe de loisirs sur l'île de Gyamalingka, auparavant le terrain de pique-nique favori des Tibétains. À proximité du Potala se dresse le premier grand bâtiment de sept étages, nouveau siège des Télécommunications, dont les tours rivalisent avec celle du Palais. Ainsi, en moins de quatre ans, le gouvernement chinois a trouvé un nouveau langage pour exprimer ses grands desseins et sa puissance sans égale dans la région. Les immeubles en métal et en verre bleu, langage de la modernité, des loisirs et de l'abondance, ont remplacé le besoin de terrains de parades gigantesques.

Le faux style tibétain

La cité de Lhasa couvrait alors 52 kilomètres carrés, vingt fois plus qu'avant l'arrivée des Chinois. Le quartier tibétain, réduit à peu près à la moitié de sa superficie d'origine, diminuait rapidement. Les autorités centrales, en accord avec leur politique des années 80, favorable à la conservation des « caractéristiques nationales », avaient décidé que les anciens bâtiments édifiés à côté d'une relique nationale pouvaient être démolis, mais qu'ils devaient être reconstruits dans un style qui se confonde avec le monument adjacent. Au Tibet, cette règle fut appliquée au Jokhang ; la démolition rapide des vieilles maisons autour du Barkor devait se poursuivre sans relâche, mais les nouvelles bâtisses qui les remplaçaient devaient en quelque sorte ressembler au temple.

Cela conduisit au développement d'un genre hybride et étrange, dans lequel sont maintenant construits les édifices sur les sites touristiques du pays. Pour un œil non averti, les façades des maisons, dans le nouveau style tibétain, paraissent être les mêmes que les vieux bâtiments qu'elles ont remplacés : châssis des fenêtres rehaussés de noir, auvents à rayures bleues et blanches au-dessus des fenêtres, extérieurs en adobe et corniches le long des toits plats. Cependant, certains détails de l'architecture tibétaine sont absents ; on ne donne plus de fruit aux murs[4], les fenêtres sont trop larges et les piliers intérieurs ont disparu. En fait, l'extérieur est esthétique mais n'est qu'une façade plaquée sur un bloc de béton qui, sans cela, aurait été identique aux dortoirs qui constituent la vaste majorité des bâtiments dans les parties non tibétaines de Lhasa. Le nouveau style tibétain est donc un style stalinien en béton, recouvert d'une façade décorative.

Le défaut de ces édifices n'est pas seulement d'ordre esthétique, mais également d'ordre pratique. Ils sont relativement discrets et dans le ton, mais ils souffrent des mêmes inconvénients que les cubes-dortoirs des autres parties de la ville ; ils ne sont pas faits pour être habités. Construits à bon marché, mal conçus, ils sont inadaptés au climat et à l'environnement, trop humides en hiver, trop chauds en été. Dans les anciens bâtiments, les murs faits d'une double rangée de briques en terre, les plafonds bas, les poutres en bois et les fenêtres plus petites, assuraient l'isolation contre le froid, et retenaient la chaleur ; autant de qualités qui n'existent plus,

4. « Obtenu par une réduction progressive de leur épaisseur, de bas en haut, tout en conservant l'aplomb de la face interne, ce qui donne à la plupart des bâtiments tibétains leur silhouette caractéristique en pyramide tronquée. » F. Meyer, C. Jest, « Milieux, matériaux et techniques », *in Demeures des hommes, sanctuaires des dieux*. Catalogue, Paola Mortari Vergara, Rome/Gilles Béguin, Paris, 1987.

détruites par les murs en béton d'une seule épaisseur. De plus, le fruit des murs leur conférait une plus grande résistance aux tremblements de terre, ce qui n'est pas le cas des cubes de béton perchés sur de minces poutrelles.

Rien n'a été fait dans les nouveaux immeubles pour améliorer l'approvisionnement en eau et en électricité, alors que la densité de la population a augmenté. En 1992, un projet de construction d'égouts a échoué, alors que les autorités municipales - elles-mêmes tibétaines - avaient démoli un certain nombre de toilettes municipales construites avec une installation traditionnelle à double évacuation. L'une était en fonction pendant six mois alors que l'autre était bouchée, ce qui permettait aux excréments de se décomposer (ou de geler). Ensuite, la fosse était vidée et son contenu utilisé comme engrais. Ce système, pratiqué pendant des générations dans les villages tibétains, a été remplacé par des toilettes publiques, peintes de blanc et d'orange d'un goût douteux et équipées d'une installation qui ne comporte qu'une seule évacuation, ce qui fait que la fosse ne sèche jamais. Le quartier tibétain de Lhasa se trouve, à présent, sans système d'égout en état de fonctionnement. Entretemps, les loyers ont augmenté dans des proportions inimaginables. Les Tibétains de Lhasa commencent à demander que soient reconstruits leurs habitats traditionnels. Il est probablement trop tard.

Je fis demi-tour pour retourner à la frontière, lentement, afin de ne pas attirer l'attention. J'achetai deux Thermos, quelques jouets en plastique et d'autres babioles dans les échoppes tibétaines, tout en marchandant pour rendre ma visite, ridiculement brève, plus plausible. Quand j'atteignis enfin la frontière, le poste de police était fermé. Il suivait l'heure de Pékin, située à quelque 2 000 kilomètres à l'est, tandis que la ville vivait à l'heure népalaise, avec un décalage de deux heures et quart en moins. Le chef de police était un Tibétain. Il était allongé sur un lit, en veste et en pantalon, occupé à croquer des graines de melon et à regarder un film télévisé. Des photographies décolorées de femmes en petite tenue, arrachées dans des magazines, ainsi que le calendrier illustré habituel, ornaient les murs. Trois jeunes Chinois en uniforme étaient assis sur l'autre lit et regardaient leur chef décortiquer ses graines, les yeux fixés sur la télévision. Il ne se détourna pas ; il mangeait ses graines et regardait la télévision,

mais il me désigna un tabouret. Je devais m'asseoir, et je sus que j'avais une chance.
Quelque part, au fond de ma mémoire, me revinrent les règles du jeu : « Perdre ou garder la face. » Il ne pouvait pas se permettre de montrer qu'il me faisait une concession, à moi, un étranger ; c'eût été une preuve de faiblesse. Ma seule chance était de le laisser m'humilier. Rien qu'un peu, suffisamment pour impressionner ses subalternes assis sur l'autre lit, mais pas au point de m'abaisser à un rang si inférieur qu'il n'eût plus mérité la moindre considération. Je commençai à plaider mon cas, calmement, sans élever la voix, sans paraître trop plaintif ou désespéré.
Le rituel prit une vingtaine de minutes. Alors, un homme apparut avec une valise. Sans m'adresser un regard ou un mot, il déposa sa valise sur le lit du chef parmi les cosses de graines éparpillées, tamponna mon passeport, et me fit signe que je pouvais partir.
J'avais franchi le poste de contrôle principal, mais je n'avais pas encore quitté le territoire chinois. Il restait encore un poste sur le pont de l'Amitié, 300 mètres plus bas. Je suivis la route qui descendait en zigzags. Il faisait très noir, et j'avais deux heures de marche, à moins de prendre des raccourcis. La fois précédente, un Népalais qui faisait passer clandestinement une grosse radiocassette, m'avait indiqué les sentiers qui permettaient d'éviter tous les tournants de la route. Mais je n'osais pas m'y aventurer de peur de glisser. Il n'y avait pas de lune, il faisait nuit noire, et je n'avais plus la même forme que naguère.
Les chiens se mirent à hurler quand je passai devant les baraquements, à mi-chemin entre la ville frontière et le pont. J'avais entendu parler de cet endroit ; c'est là où sont détenus les Tibétains qui essaient de passer la frontière pour aller à Dharamsala, étudier ou voir le Dalaï lama, après avoir voyagé sous couvert de pèlerinage. Ils sont enfermés dans une chambre nue à l'exception d'une fenêtre munie de barreaux. La nuit, ils sont enchaînés les uns aux autres, et le dernier est enchaîné aux barreaux de la fenêtre de sorte que seuls les derniers de la chaîne peuvent s'allonger ; les autres doivent dormir debout.
Je ramassai quelques pierres sur la route non goudronnée, au cas où les chiens ne seraient pas attachés. Autrement, je n'avais rien à craindre. J'étais un étranger, et la police ne touche jamais aux étrangers en Chine. Au bout d'une heure, je vis un véhicule sur la route. Je ne pouvais m'attendre à ce qu'il me prenne car il se dirigeait vers moi dans le sens inverse. Je l'avais vu au loin, en bas, quitter le poste de police du côté népalais, et négocier la route défoncée qui monte en direction de la ville frontière que je venais de quitter. Je pouvais voir ses phares alors qu'il quittait le pont pour entreprendre lentement la montée.
Lorsque la Jeep arriva vers moi, je ne voyais plus que les phares qui

m'aveuglaient. Je m'écartai pour la laisser passer. Dans le noir, je devais ressembler à n'importe quel indigène se rendant au marché népalais de l'autre côté de la frontière pour vendre ses Thermos bon marché le lendemain matin. J'écartai mes bras pour bien mettre en évidence les Thermos. La Jeep fonça sur moi, et je reçus la lumière des phares en pleine figure. Peut-être, à ce moment-là, ai-je levé les bras avec mes Thermos pour me protéger les yeux ; toujours est-il qu'ils ne semblaient pas m'avoir vu distinctement. Je me précipitai sur le côté. Les phares me suivirent et je m'écartai à nouveau. Je n'avais nulle part où aller. Derrière moi, la route virait brusquement devant un précipice ; à 50 centimètres à ma gauche, il y avait une descente à pic de plusieurs centaines de mètres. Je me réfugiai sur les derniers centimètres de terre ferme.

Au dernier moment, la Jeep vira pour m'éviter et freina avec un crissement. Tout cela n'avait été qu'un petit divertissement nocturne, naturellement ! Un policier baissa la vitre et commença à m'injurier en chinois, mais soudain, il réalisa que j'étais un touriste. Sa réaction fut plus étrange encore que ses injures : il cria quelque chose au chauffeur, et la voiture redémarra bruyamment à toute allure et disparut dans la nuit. On aurait dit des enfants surpris en flagrant délit. Dans la lumière des phares, seul dans le no man's land en pleine nuit, ils m'avaient pris pour un Tibétain. Mes deux Thermos sous les bras, je me remis en route vers le pont et, au-delà, vers le Népal, Katmandou, et l'avion pour Londres.

Le triomphe de la laideur

Les divers styles architecturaux sont autant de signes qui permettent de reconnaître la coexistence de plusieurs Lhasa qui se disputent l'espace et la domination sur une ville en évolution. Il y a, dans une allée sinueuse, la maison traditionnelle en terre et en bois, habitée, peut-être, par un dévot qui souhaite être près du Jokhang ; il y a, au cœur de la ville, les maisons aux façades factices, dans le nouveau style tibétain, occupées par des locataires autochtones ou par de nouveaux arrivants ; il y a les blocs rectangulaires anonymes, innombrables, quadrillant la ville d'un bout à l'autre, et qui abritent les bureaux du gouvernement et de leurs employés chinois et tibétains ; il y a les boutiques, semblables à des garages, et les bars de troisième ordre des petits émigrants chinois du

Sichuan ; il y a la grande place et la pompeuse statuaire coloniale ; et il y a la profusion des boîtes de nuit modernes et des grands immeubles qui caractérisent la nouvelle ville commerciale en expansion, et offrent de nouvelles sources de gain.

Parmi ces six styles qui figurent six représentations du monde, cinq furent créés par les nouveaux maîtres du Tibet à l'image de la situation coloniale qu'ils avaient instaurée. Ils traduisent le besoin des Chinois d'exprimer leur rôle et leur objectif au Tibet, une oscillation constante entre la suppression de toute dissidence et l'implantation d'une civilisation. Ainsi, la Chine ne s'est pas distinguée d'autres puissances dominantes en pays conquis ; elle se distingue, au Tibet, par sa contribution à la laideur.

L'urbanisme colonial britannique à Édimbourg et à Delhi se voulait non seulement organisé, impressionnant, tout en exprimant la puissance : il devait aussi être élégant. Il traduisait une philosophie esthétique autant que politique ; il représentait une culture qui, en dépit de sa cruauté et de son arrogance, pouvait, par le déploiement de son raffinement, prétendre qu'elle n'était pas tout à fait sauvage. Le problème, quant aux Chinois, n'était pas différent de celui des Soviétiques : ils pouvaient faire preuve de puissance et d'organisation, et montrer leur volonté et leur capacité de bâtir des villes, qui sont la marque des civilisations sûres d'elles-mêmes, mais ils semblaient être incapables de montrer du raffinement, et encore moins de la beauté, dans ce qu'ils créaient. C'est vrai que nous parlons d'une puissance qui, à l'époque, était appauvrie et qui, comme les Soviétiques, était guidée par une idéologie qui rejetait tout talent artistique conscient de soi ; mais tous les deux, les Chinois et les Russes, avant leurs guerres civiles, possédaient d'immenses empires et des traditions inégalées d'excellence artistique. Et d'autres cultures puritaines - par exemple les partisans de Cromwell dans l'Angleterre du XVIIe siècle et les colons blancs qu'ils engendrèrent en Amérique - avaient démontré qu'une idéologie utilitariste pouvait développer sa propre esthétique.

La Chine avait choisi d'être laide et asexuée, comme la veste et les pantalons bleus informes de l'uniforme des maoïstes. On peut imaginer que si les communistes chinois avaient découvert une démone étendue d'un bout à l'autre de leur pays, comme la princesse chinoise croyait qu'elle l'avait fait quand elle arriva à Lhasa, ils ne se seraient pas contentés de la fixer au sol en bâtissant des temples sur les points clés de son anatomie ; ils auraient aussi tenté de la découper en morceaux pour s'en débarrasser entièrement, et supprimer ainsi tout ce qui pouvait rappeler son existence, dans l'intention de créer une culture vouée à la démonstration de l'absence de sexualité ou de toute sensation esthétique. Autre paradoxe : les Tibétains, du moins depuis l'époque de Tsongkhapa (1357-1419), ont prêté quelque attention au contrôle de la sexualité. Eux aussi ont choisi un uniforme qui était strictement asexué, mais ils n'ont pas cherché à nier l'existence de la sexualité ou des sensations. Guidés par un code ou une idéologie plutôt que par un désir d'accomplissement religieux, les Chinois ont étendu leur principe antiesthétique à l'urbanisme aussi bien qu'à l'habillement, ce que les moines tibétains, avec leur architecture colorée et pleine de lumière, n'ont jamais fait.

La laideur de la contribution chinoise à l'architecture de Lhasa est frappante. Deux des cinq styles qu'elle a introduits au Tibet - le nouveau tibétain et le moderne - reflètent une tentative de créer quelque chose qui soit agréable à l'œil en même temps que fonctionnel. Cependant, la majorité des autres styles sont autant de manifestations antiesthétiques : blocs identiques, du genre dortoir, bâtiments en béton sans caractère ni couleur s'alignent le long des rues rectilignes qui découpent la ville. La plupart sont entourés d'un mur, avec un seul point d'accès et de contrôle, et donnent l'impression d'une forteresse, comme si le monde extérieur était une menace pour l'immeuble et pour ses habitants, à l'intérieur de la cour.

Le restaurant n'était pas bon marché mais il était près du bureau. De plus, c'était un restaurant chinois et il se sentirait probablement chez lui. Le style était ultramoderne et réduit au minimum, avec des colonnes blanches carrées, et des chaises en métal. À travers les gigantesques fenêtres sans rideaux, on pouvait observer les banlieusards de Londres rentrer chez eux, luttant contre la pluie. Il n'était ni intime, ni confortable, mais au moins il avait l'avantage de paraître cher, et c'est toujours un avantage. Il faisait des efforts courageux pour maintenir la conversation. Ce n'était pas comme dans les banquets de Lhasa qu'il décrivait, quand tout le monde boit jusqu'à en être malade et ensuite se remet à boire. Il était hors de question que je me mette à chanter, à crier ou à danser comme il l'aurait fait chez lui. Mais il faisait un effort pour donner l'impression qu'il passait un moment agréable.

Nous parlions du travail et de tout ce qu'il y avait à faire, de Noël et à quel point c'était devenu un enjeu commercial, nous parlions de sa santé qui s'était améliorée. Il commanda une bière Kingfisher, et nous discutâmes du fait qu'il n'arrivait pas à dormir sans avoir beaucoup bu. Je ne lui ai rien demandé parce que j'avais peur qu'il se mette à pleurer, mais je voyais bien qu'il avait le mal du pays. Sur ce, il me raconta une blague. C'était une plaisanterie exceptionnelle car je ne comprenais jamais les plaisanteries qu'il me racontait, et il racontait toujours des plaisanteries qui ressemblaient à des proverbes, dont je ne comprenais pas le sens et qui ne me faisaient pas rire. Mais celle-là me paraissait particulièrement anglaise. Du moins, il y avait un Anglais dans l'histoire. Étrange, car l'histoire était apparemment tout à fait vraie.

L'Anglais était chauve et très grand, semblait-il. Il devait être un de ces diplomates en poste à Gyantsé, au sud du Tibet, avant la guerre. J'étais allé à Gyantsé dix ans auparavant. Il y a un fort là-bas, donc je pouvais me l'imaginer.

L'Anglais fut invité à dîner par Phala, le seigneur local. En entrée, on servit à chaque invité une grosse crêpe brûlante. Tout le monde attendait que l'Anglais commence. Mais comme il n'y avait pas de couverts, il ne savait pas trop comment s'y prendre. Il attendait de voir ce qu'allait faire Phala. Ce dernier mit la crêpe sur sa tête. L'Anglais fit de même.

C'était drôle parce que Phala avait d'épais cheveux tressés, alors que l'Anglais était chauve ; la crêpe avait dû lui brûler le crâne, une douleur qu'il s'était efforcé de dissimuler. Je pouvais le comprendre. Mon ami m'expliqua que c'était une leçon que Phala avait voulu donner aux Anglais. Les Tibétains qui se rendaient en Inde avaient toujours été un objet de risée parce qu'ils ne savaient pas se servir de couverts. Cette fois, je crois que j'avais saisi ; l'histoire concernait ces Anglais si cérémonieux, qui sont toujours convaincus d'en savoir plus que les autres. Oui ! Je pense que j'avais bien compris.

Traduit de l'anglais par Véronique Martin, et revu par Katia Buffetrille

---

Robbie Barnett

Postface

Témoignage de Jigmé Namgyèl

« Je suis originaire du Khams, dans le Tibet oriental, et je suis venu à Lhasa pour effectuer mon service militaire. C'était en octobre 1951 ; depuis cette époque je vis à Lhasa. Ce n'est que plus tard que je devins un cadre chinois, et je suis resté en service jusqu'à ma mise à la retraite, il y a peu d'années. »

Je suis originaire du Khams, dans le Tibet oriental, et je suis venu à Lhasa pour effectuer mon service militaire. C'était en octobre 1951 ; depuis cette époque, je vis à Lhasa. À mon arrivée, je n'étais pas très au courant de la situation au Tibet central, de même que je ne savais pas grand-chose sur les Chinois. Je ne savais que ce qu'ils me racontaient. J'étais jeune et sans expérience, dans l'ignorance de la réalité, mais je croyais volontiers ce qu'on me disait, entre autres que les Chinois faisaient de grandes choses pour le peuple tibétain. Les Chinois répétaient que les Tibétains étaient très pauvres, et qu'une grande partie de l'armée chinoise venait là pour les aider, et pour améliorer leur sort aussi rapidement que possible. Ce n'est que plus tard que je devins un cadre chinois, et je suis resté en service jusqu'à ma mise à la retraite, il y a peu d'années.

Beaucoup de choses sont arrivées au Tibet au cours des quarante ans écoulés. Jusqu'en 1951, avant l'arrivée des Chinois, le gouvernement tibétain était un gouvernement à la fois laïc et religieux, avec le Dalaï lama comme guide suprême. Déjà à cette époque, je reconnaissais volontiers que ce n'était pas un bon gouvernement. Le peuple tibétain subissait beaucoup d'injustices ; d'ailleurs nous avions un dicton à propos des « familles de nobles riches et du pauvre gouvernement », dont le sens était que le gouvernement n'était tenu que par un tout petit nombre de familles nobles très riches. Les membres de ces familles voyageaient en Inde ; certains parmi eux allaient même jusqu'en Grande-Bretagne. Mais personne ne savait alors ce qui se passait dans le monde extérieur. Il est vrai que le gouvernement ne faisait pas réellement d'efforts pour le peuple, et que la grande majorité des gens étaient très pauvres. Ce qui toutefois est clair, c'est qu'à cette époque le Tibet appartenait aux Tibétains, et que les Tibétains gouvernaient eux-mêmes leur propre pays.

Les Chinois sont maintenant au Tibet depuis plus de quarante ans, et les Tibétains ont vu beaucoup de changements dans leur pays. Ces changements se présentent sous un double aspect.

- Tout d'abord, la situation est meilleure par rapport à ce qu'elle était en 1951, ce qui, selon les Chinois, est essentiellement le résultat du bon travail accompli au Tibet par le gouvernement de Pékin. Cela, je ne le crois pas. Le monde entier a changé depuis 1951, et le Tibet aurait certainement changé sans les Chinois. La situation n'aurait pas pu rester longtemps ce qu'elle était en 1951. Bien sûr, quelques-uns parmi les aristocrates tibétains auraient essayé de maintenir le Tibet dans l'état où il était, mais en aucune manière ils n'auraient pu s'opposer aux réformes venues de l'intérieur.

- En second lieu, sous l'autorité chinoise, nombre d'hommes et de femmes tibétains, de basse extraction sociale, sont devenus des cadres, ce qui n'aurait pas été possible avant 1951. Beaucoup de ces personnes ont fait de belles carrières comme ingénieurs, médecins, etc. Cependant, les Tibétains ont besoin avant tout de conserver leur culture traditionnelle. Ils veulent être les propriétaires de leur propre terre. Voyez mon cas. Ma situation est très bonne et, en tant que cadre chinois, j'avais un bon salaire et beaucoup d'autres avantages, mais je ne peux m'empêcher de penser que ma position ressemble à celle d'un serviteur privilégié sous l'ancien régime, dans l'une de ces puissantes familles nobles. La situation est exactement la même que jadis, au Tibet, quand certains serviteurs avaient une situation très confortable. Néanmoins, ils demeuraient des serviteurs et ils n'étaient pas maîtres de leur propre existence. Sous les Chinois aussi, beaucoup de gens se sont assuré, comme moi, confort et sécurité, mais nous restons de simples serviteurs, contraints de faire tout ce que nous dit le gouvernement chinois.

Les autorités chinoises semblent avoir la mémoire courte ; elles ont oublié ce qu'elles disaient au début de 1951. Mao Tsé-toung, président du Parti communiste, déclarait alors à une délégation tibétaine que le gouvernement chinois enverrait quelques soldats et cadres pour aider le peuple tibétain et que, une fois la situation améliorée, les militaires et les fonctionnaires chinois regagneraient immédiatement la Chine. En 1980, le président du Parti, Deng Xiaoping, cita la déclaration du président Mao, mais il l'utilisa pour dire que c'était un bienfait pour les Tibétains que les Chinois soient restés. Il répéta la même chose à maintes reprises, ce qui est d'une logique pour le moins étrange.

Le gouvernement chinois essaie de contrôler la culture et le développement culturel du Tibet, ce qui est très dangereux pour le peuple tibétain. Les Chinois s'efforcent de faire oublier aux Tibétains leur histoire et leurs coutumes, et cette ignorance est le résultat d'une politique délibérée de la part des Chinois.

Il y a aussi la question de la souveraineté. Les Chinois sont habitués à dire que le Tibet fait partie de la Chine, et ce depuis plusieurs siècles. Je l'ai cru également, mais je constate que cela est faux, maintenant que je connais mieux l'histoire. Mais même si, dans le passé, le Tibet est devenu une partie de la Chine : et alors ? Il y a partout dans le monde des exemples de petits pays absorbés par de plus puissants, en particulier en temps de guerre. Cela signifie-t-il qu'ils n'ont pas le droit de recouvrer leur indépendance ?

Comment les Chinois peuvent-ils déclarer, comme ils le font, que nous appartenons tous à une seule et même famille ? N'importe qui peut voir que Chinois et Tibétains ne sont pas semblables. Leur manière de vivre, leur façon de penser, leurs langues et leurs coutumes sont différentes. Comment peuvent-ils être d'une seule nationalité ? Les Chinois disent que les Tibétains descendent du dragon, alors qu'ils se reconnaissent comme les descendants de l'union d'un singe et d'une démone. La version chinoise est donc incompatible avec la tibétaine. Si les Chinois veulent vraiment faire le bien des Tibétains et vivre en paix, ils doivent changer de politique et doivent eux-mêmes changer.

Les Tibétains n'ont plus le droit d'apprendre leur propre culture, ni leur langue maternelle. Bien sûr, les Chinois peuvent dire qu'ils ont construit des écoles tibétaines et qu'ils enseignent le tibétain, mais la situation réelle est tout autre. Les Tibétains n'apprennent leur langue qu'à l'école primaire. À l'école secondaire, il leur faut choisir entre la langue tibétaine et la langue chinoise. La plupart d'entre eux choisissent cette dernière, sinon ils n'ont aucun espoir de trouver un emploi décent. Cette situation a été créée par les Chinois.

En dépit de toutes les améliorations, des choses terribles sont arrivées au Tibet au cours des quarante dernières années, particulièrement durant la Révolution culturelle. Les gens disent que les Tibétains n'ont aucune raison de se plaindre étant donné qu'il s'est passé des choses terribles partout en République populaire de Chine. Mais pour les Tibétains, une chose est évidente : si les Chinois n'étaient pas venus au Tibet, rien de tout cela ne serait arrivé. Certes, beaucoup de jeunes Tibétains ont pris part aux destructions, ce qui était le résultat de la politique chinoise. Beaucoup de changements importants se sont produits en République populaire de Chine depuis le début des années 80, y compris des réformes politiques, économiques et l'ouverture du pays. Le Tibet aussi a subi beaucoup de changements durant cette période, mais ni les étrangers, ni même la plupart des Chinois, ne peuvent imaginer ce que c'est qu'être un Tibétain au Tibet. Quiconque émet la moindre critique, aussi légère soit-elle, à l'encontre de la politique chinoise, risque de sérieux ennuis. À chaque instant, des personnes sont arrêtées sous prétexte de sécurité nationale, sans passer en procès, ni avoir droit à un avocat, ce que ne savent pas la plupart des gens, ce que ne savent pas les étrangers.

Les Chinois essaient souvent de montrer tout le bien qu'ils ont fait au Tibet. Ils invitent des délégations d'étrangers pour leur présenter la situation, ils les laissent parler avec des Tibétains ; mais de telles rencontres sont organisées à l'avance, et rien n'est laissé au hasard. Les Chinois s'assurent que ces étrangers n'entendront dire que du bien des changements politiques et économiques. Si un groupe d'étrangers séjournent pendant une semaine ou même un mois, et suivent le programme officiel, ils ne pourront, en aucune manière, savoir ce qui se passe, car ils n'entendront et ne verront que ce que le gouvernement veut bien leur dire et leur montrer.

Une autre méthode politique est déplorable : le gouvernement ne fait jamais appel à des responsables cultivés qui connaissent le Tibet. Il a seulement recours à ceux qui l'écoutent aveuglément. Leur politique est de choisir et de former des jeunes gens originaires de régions éloignées de Lhasa. Tous les hauts responsables de la Région autonome du Tibet proviennent de lointaines populations nomades ; ils ne connaissent presque rien de l'histoire du Tibet, et ils sont envoyés dans des écoles chinoises dès leur plus jeune âge, ce qui explique la situation vulnérable de notre pays. Les Chinois tentent de détruire, dans ses fondements, ce qui constitue la nationalité tibétaine en éliminant sa langue et sa culture. Ici, comme partout dans le monde, une nation qui perd sa langue et sa culture est condamnée à disparaître. C'est le but des Chinois au Tibet.

Le résultat positif de la situation actuelle est que les Chinois sont obligés d'écouter ce que dit le Dalaï lama, bien qu'ils ne suivent jamais les excellentes suggestions qu'il lui arrive de leur adresser. Par principe, les Chinois ne parlent du Dalaï lama qu'en termes négatifs, et ils essaient d'en donner une image complètement fausse. Ils disent, par exemple, qu'il est le principal instigateur du mouvement pour l'indépendance du Tibet, qu'il est entièrement responsable des difficultés du pays, qu'il a lui-même incité des gens à poser des bombes à Lhasa et à tuer, ce que naturellement les Tibétains ne croient pas. Certes, au Tibet, les gens ne peuvent pas écouter directement le Dalaï lama, mais ils peuvent se procurer ses discours sur bande magnétique, et toute personne disposant d'un poste de radio peut le régler sur des stations émettrices internationales telles que la Voix de l'Amérique. Nulle part, le Dalaï lama ne préconise des activités politiques pouvant entraîner mort d'homme. Au contraire, il n'hésite pas à dire du bien du peuple chinois, et il invite les deux peuples à s'entendre. Il parle même en bien de certaines décisions prises par le gouvernement chinois au Tibet. L'image d'un Dalaï lama terroriste que veulent donner les autorités chinoises n'est pas convaincante, et elle est offensante pour tous les Tibétains.

Le gouvernement a de nouveau interdit l'affichage du portrait du Dalaï lama dans les demeures des Tibétains, et cette interdiction s'adresse aussi aux moines. Une telle mesure est étrange. Depuis quarante ans que les Chinois sont dans le pays, on serait en droit de croire qu'ils auraient appris quelque chose sur la manière de penser des Tibétains ; mais quand je vois des mesures de ce genre, je ne peux que conclure qu'ils n'ont rien compris. Selon la tradition bouddhique, le maître spirituel d'un moine est plus important que le Bouddha lui-même. Comment un moine pourrait-il alors rejeter son maître spirituel, et violer ainsi un principe fondamental du bouddhisme ? C'est pourtant ce que les Chinois essaient d'imposer, et c'est une politique réellement stupide.

Autre mesure stupide ! Beaucoup de jeunes ne connaissent guère l'histoire du Tibet et, quand ils parlent tibétain, ils emploient beaucoup de mots chinois. Cela étant, ils savent très bien que les Tibétains sont différents des Chinois, par leur histoire et par leur culture. Chaque année, de nombreux enfants tibétains sont envoyés dans des écoles secondaires en Chine. Il y a peut-être dix mille enfants tibétains dans des écoles chinoises. L'idée est que ces enfants, en grandissant, deviendront semblables à des Chinois et oublieront tout ce qui est tibétain. Mais les enfants tibétains en Chine reconnaissent immédiatement à quel point ils sont différents des Chinois, et ils deviennent encore plus tibétains dans leur psychologie et dans leur identité qu'ils ne l'auraient été s'ils étaient restés au Tibet.

Les Tibétains ont été particulièrement choqués lorsque Deng Xiaoping a déclaré que le Tibet ne devrait jamais devenir indépendant car les Tibétains sont trop peu nombreux pour gouverner eux-mêmes leur pays, alors que les Chinois, étant plus forts, ont le droit de diriger le Tibet. Comment peut-on raisonner ainsi ?

Marqués par des siècles d'influence bouddhique, les Tibétains attachent une grande valeur au sentiment de compassion et à l'idée de paix. Selon leurs principes religieux, tuer, tout comme se suicider, est un péché majeur. L'idée de poser des bombes pour tuer des gens est donc fondamentalement incompatible avec les principes bouddhiques. Si des bombes sont posées à Lhasa, la faute en incombe aux Chinois. Supprimer le bouddhisme fait partie de la politique chinoise, mais les Chinois doivent se rendre compte que l'une des conséquences en sera l'amoindrissement des valeurs culturelles liées au sentiment de compassion et au désir de paix. Ils sont responsables de l'instauration d'une culture de la violence, et ils doivent en accepter les conséquences.

Il faut que le monde extérieur apprenne ce qui se passe au Tibet. Le pays a été ouvert aux étrangers, et chaque année de nombreux touristes visitent la région. Cependant, ils ne peuvent pas voir ce qui se passe. Non seulement les Tibétains ne sont pas libres de parler de ce qu'ils croient, mais ils ne sont pas libres de croire. Les employés du gouvernement ne sont pas autorisés à pratiquer le bouddhisme. S'ils déclarent leur foi, ils perdent leur travail. Si le gouvernement annonçait que les membres du Parti communiste n'ont pas le droit d'être bouddhistes, cela serait compréhensible puisque la philosophie de base du communisme rejette la religion. Mais cette interdiction couvre un champ beaucoup plus large : elle s'étend à tous les fonctionnaires de l'administration. Je le répète, les Tibétains ne sont libres ni de parler, ni de croire. Le contrôle que nous imposent les Chinois est de la même nature que celui des nazis durant la Seconde Guerre mondiale. Le monde extérieur doit se rendre compte de ce qui se passe actuellement, dans les années 90 au Tibet.

Propos recueillis à Lhasa par Harry Cunningham fin 1997, traduits de l'anglais par Véronique Martin et revus par Katia Buffetrille. Pour des raisons évidentes, les noms, dates et lieux ont été changés.

Chronologie

Charles Ramble

L'Empire tibétain et la première diffusion du bouddhisme

649 Mort de l'empereur Songtsèn Gampo. L'expansion et la consolidation de l'Empire tibétain sont achevées sous son règne. À l'ouest, le puissant royaume de Zhang-zhung est annexé, une écriture indienne est adaptée à la langue tibétaine et les premiers temples bouddhiques sont construits. C'est l'époque de la première diffusion du bouddhisme.

797 Mort de Trisong Détsèn, le second des trois *dharmarajas* (rois du bouddhisme) de la dynastie fondée par Songtsèn Gampo. Il est à l'origine de la construction de Samyé, le premier monastère du Tibet. Sur son instigation, des maîtres étrangers sont invités, tels que le philosophe indien Shantarakshita et le saint Padmasambhava. L'ancienne religion est réprimée.

842 Mort de Langdarma, le dernier souverain d'un empire tibétain unifié, assassiné par un moine bouddhiste. Contrairement à son frère aîné Rèlpachèn, le troisième des « rois bouddhistes », Langdarma était, selon la tradition, ouvertement opposé aux institutions bouddhiques. Après sa mort, l'Empire s'écroule et ses descendants établissent de petites principautés dans l'ouest et l'est du Tibet.

958-1055 Vie de Rinchèn Zangpo, important personnage bouddhiste du Tibet de l'Ouest. La fin de l'empire a entraîné la désintégration du bouddhisme, et Rinchèn Zangpo invite des maîtres indiens afin de restituer certains principes moraux et savants à une tradition qu'il juge décadente. C'est le début de la « seconde diffusion » du bouddhisme.

1056 Le fondateur de l'école bouddhique kadampa, Dromtön, construit le monastère de Réting, près de Lhasa.

1073 Könchog Gyèltsèn, de la famille Khön, un disciple du yogi Drogmi, fonde un monastère à Sakya dans le centre-ouest du Tibet.

1110-1170 Phagmodrou fonde Dènsathil, le premier monastère de l'école kagyupa, dans le Tibet central. Son maître, Gampopa, était un disciple de Milarépa, saint et poète favori du Tibet (1040-1123).

L'arrivée des Mongols

1206 Genghis khan devient le chef suprême des Mongols.

1207 Des émissaires mongols arrivent au Tibet et les Tibétains leur offrent des livres religieux.

1235-1280 Vie de Phagpa, du lignage Khön. Les Mongols et les dignitaires religieux du monastère de Sakya établissent la relation *chö-yön*, « chapelain-donateur ». Koubilaï khan, futur empereur de Chine et fondateur de la dynastie mongole des Yuan, reconnaît Phagpa comme le souverain du Tibet. Son règne est marqué par l'ascension du pouvoir du clergé dans le pays. L'aristocratie réalise que l'Église est une force politique avec laquelle il faut compter.

1302-1364 Vie de Changchoub Gyèltsèn de la famille Phagmodroupa. Les Phagmodroupas attaquent Sakya et les sakyapas sont évincés du pouvoir. Changchoub Gyèltsèn gouverne l'ensemble du Tibet, institue des cérémonies d'État et crée des titres officiels inspirés de l'époque impériale.

1405 Le réformateur bönpo Shérab Gyaltsèn (né en 1356) fonde le monastère de Mènri au Tibet central.

1409 Fondation du monastère de Riwo Gandèn par Tsongkhapa (né en 1357). Sa nouvelle école, les guélougpas, bénéficie de la réputation de rester hors des intrigues politiques. Deux autres monastères sont construits peu après : Drépoung en 1416 et Séra en 1419. Ces trois monastères concentreront le pouvoir guélougpa.

1434 Les Phagmodroupas sont renversés par leurs ministres, les nobles de Rinpoung (entre Lhasa et Gyantsé). Contrairement à leurs prédécesseurs Phagmodroupas et Sakyapas, les seigneurs Rinpoung sont des laïcs, mais ils gouvernent avec le soutien d'une branche karmapa de l'école kagyupa.

1445 Guédun Droup (1391-1475), neveu de Tsongkhapa et quatrième abbé de Gandèn, construit le monastère de Tashilhoumpo (à présent Shigatsé), un acte de provocation puisque le lieu se trouve sur la frontière du territoire des karmapas et des seigneurs de

Rinpoung. Il est considéré par la tradition guélougpa comme le premier Dalaï lama.

1565 Les seigneurs Rinpoung sont remplacés par un autre groupe de seigneurs laïcs, les rois du Tsang. Le siège de leur gouvernement est le château de Samdrouptsé (Shigatsé).

1578 Sönam Gyatso, la troisième incarnation de Guédun Droup, visite la Mongolie, et convertit au bouddhisme Altan khan, chef des Mongols Tumed. Altan khan confère à Sönam Gyatso le titre mongol de Talé (Dalaï), ou « Océan ». Lui-même et ses deux incarnations précédentes sont donc reconnus comme les trois premiers Dalaï lamas.

1588 Mort de Sönam Gyatso. Sa réincarnation, le quatrième Dalaï lama, est reconnue dans l'arrière-petit-fils d'Altan khan.

Apparition de la théocratie guélougpa

1617 Naissance de Ngawang Lobsang Gyatso un an après la mort du quatrième Dalaï lama. Il deviendra le « Grand Cinquième » Dalaï lama.

1640 Les rois du Tsang et leurs partisans karmapas ont fait plusieurs raids contre Lhasa et les guélougpas. Cette année-là Goushri khan, un Mongol Qoshot, attaque le roi bönpo de Béri au Khams (à l'est du Tibet), qui a soutenu les karmapas. Goushri attaque ensuite le Tsang et tue son roi. Il met son armée au service des guélougpas qui émergent alors comme l'école bouddhique dominante. De nombreux monastères kagyupas sont détruits ou convertis en établissements guélougpas. Goushri donne ensuite le pouvoir temporel sur le pays au cinquième Dalaï lama, tandis qu'il devient lui-même « roi du Tibet ».

1645 Le cinquième Dalaï lama commence la construction du palais du Potala.

1664 La dynastie Qing (mandchoue) remplace les Ming sortants.

1682 Mort du cinquième Dalaï lama. Le régent, Dési Sangyé Gyatso, garde sa mort secrète afin de pouvoir continuer la construction du palais.

1696 Dési Sangyé Gyatso révèle à la fois la mort du cinquième Dalaï lama et l'identité de son successeur. Tandis que le nouveau Dalaï lama demeure populaire au Tibet, son manque d'intérêt pour la vie monastique et la politique en général inquiète la Mongolie et la Chine.

1706 Lhazang khan, le petit-fils de Goushri, prend le pouvoir politique, et le nouveau « roi du Tibet » est ulcéré quand il découvre la vérité sur la mort du cinquième Dalaï lama. Il attaque Lhasa, tue Dési Sangyé Gyatso et expulse le sixième Dalaï lama, qui est probablement assassiné peu après. Lhazang khan lui-même est assassiné un peu plus tard.

1720 L'armée mandchoue installe sur le trône le septième Dalaï lama, mettant ainsi fin à plusieurs années de conflits entre les différentes factions mongoles et les forces mandchoues en rivalité pour le pouvoir sur le Tibet et pour le choix du septième Dalaï lama.

1728 Le septième Dalaï lama et sa famille sont accusés par les Mandchous de soutenir les Mongols Dzoungars dans le conflit qui les oppose. Le Dalaï lama doit quitter Lhasa (jusqu'à 1735) et l'autorité sur l'ouest du Tibet est confiée au Panchèn lama, l'abbé de Tashilhoumpo. Durant une vingtaine d'années, le Tibet est en réalité gouverné par un homme, moine nyingmapa à l'origine, qui a aidé la faction mandchoue contre les Dzoungars : c'est Pholhané, qui garde habilement les Mandchous loin des affaires politiques et administratives.

1757 Mort du septième Dalaï lama.

1804 Mort du huitième Dalaï lama, qui a montré peu d'intérêt pour le gouvernement du Tibet.

1834 Le monastère bönpo de Youngdroung ling est fondé au Tibet central par Dawa Gyèltsèn.

1876 Naissance du treizième Dalaï lama. Les quatre précédents Dalaï lamas sont morts avant ou peu après leur majorité. La dynastie Qing, affaiblie par des rébellions internes, est à présent en déclin et maintient seulement une présence nominale au Tibet.

1903 Rendu inquiet par l'activité des Russes au Tibet, et espérant ouvrir des relations de commerce, le vice-roi de l'Inde, Lord Curzon, envoie une mission à Gyantsé sous la direction du colonel Francis Younghusband. Ce dernier outrepasse ses ordres en se rendant à Lhasa au cours de l'été 1904, pour découvrir que le Dalaï lama s'est enfui. Les Tibétains s'accordent cependant pour laisser les Britanniques établir trois centres commerciaux au Tibet.

La fin de l'Empire mandchou et ses conséquences

1910 En réponse aux révoltes contre l'autorité mandchoue à l'est du Tibet, le général mandchou Zhao Erh-feng, connu sous le nom du « Boucher Zhao », restaure l'ordre avec une efficacité brutale. Cette année-là, l'armée chinoise attaque et saisit Lhasa. Le Dalaï lama se réfugie en Inde chez les Britanniques.

1912 L'Empire mandchou s'écroule et les positions militaires mandchoues sont attaquées à l'est du Tibet. Yuan Shih-kai devient président d'une nouvelle République chinoise.

1913 Après la capitulation des Sino-Mandchous et leur rapatriement (*via* l'Inde) en 1912, le treizième Dalaï lama annonce officiellement l'indépendance du Tibet.

1914 Les frontières du Tibet avec la Chine et l'Inde sont fixées au cours d'une convention tenue à Simla (Inde). Cependant, les Chinois n'acceptent pas complètement les termes du traité.

1918 Les frontières orientales du Tibet avec la Chine sont fixées à la suite d'un accord à Rongbatsa (Tibet oriental).

1935 Le quatorzième Dalaï lama naît dans l'Amdo (au nord-est du Tibet), deux ans après la mort du treizième Dalaï lama. C'est le début de la « longue marche » de Mao Tsé-toung et des communistes chinois.

1947 Réting rinpoché, l'ex-régent du Tibet, tente un coup d'État contre le régent Taktra rinpoché. Il est soutenu par une partie du monastère de Séra, avec l'aide des Chinois. Le coup échoue et Réting rinpoché est assassiné en prison. L'Inde obtient son indépendance de la Grande-Bretagne.

1950 Le gouvernement communiste chinois est reconnu par l'Inde. Les troupes chinoises communistes attaquent l'est du Tibet.

1951 Les officiels tibétains et les représentants du gouvernement chinois signent le traité en dix-sept points. Les Tibétains échangent leur souveraineté contre l'autonomie régionale tibétaine.

1959 À la suite du bombardement du palais d'été à Lhasa, les Tibétains se révoltent contre les Chinois. La révolte est écrasée et le Dalaï lama s'enfuit en exil en Inde. Il renie la validité du traité en dix-sept points.

Bibliographie

R. BARNETT et S. AKINER (eds.), *Resistance and Reform in Tibet*, Londres, Hurst and Company, 1994.

A. M. BLONDEAU, « Les religions du Tibet », *Histoire des religions III*, Paris, Encyclopédie de la Pléiade, 1976, p. 233-329.

A. CHAYET, *La Femme au temps des Dalaï lamas*, Paris, Stock-L. Pernoud, 1993.

DAGPO RIMPOCHÉ, *Le Lama venu du Tibet. Autobiographie*, Paris, Grasset, 1998.

S. C. DAS, *Voyage à Lhassa et au Tibet central*, Genève, Olizane, 1994.

L. DESHAYES, *Histoire du Tibet*, Paris, Fayard, 1997.

GESHÉ RABTEN, *Vie et enseignements de Geshé Rabten. Un lama tibétain à la recherche de la vérité*, Saint-Michel-en-l'Hern, Éditions Dharma-Rabten Choeling, 1980.

M. C. GOLDSTEIN, *A History of Modern Tibet 1913-1951. The Desmise of the Lamaist State*, Berkeley-Los Angeles-Londres, University of California Press, 1989.

H. HAVNEVIK, *Combat des nonnes tibétaines. Religieuses bouddhistes du Pays des Neiges*, Saint-Michel-en-l'Hern, Éditions Dharma, 1995.

S. G. KARMAY, *The Arrow and the Spindle : Studies in History, Myths, Rituals and Beliefs in Tibet*, Katmandou, Mandala Book Point, 1998.

H. KIMURA, *Japanese Agent in Tibet. My Ten Years of Travel in Disguise*, Londres, Serindia Publications, 1990.

P. KVAERNE, *The Bon Religion of Tibet. The Iconography of a Living Tradition*, Londres, Serindia Publications, 1995.

H. E. RICHARDSON (Mémoires recueillis par), *Mémoires de Tashi Khedrup, moine aventurier tibétain*, Genève, Olizane, 1991.

JAMYANG SAKYA et JULIE EMERY, *Princess in the Land of Snows. The Life of Jamyang Sakya in Tibet*, Boston and Shaftesbury, Shambala, 1990.

W. W. SMITH, *Tibetan Nation : a History of Tibetan Nationalism and Sino-Tibetan Relations*, New Delhi, Harper Collins, 1997.

D. SNELLGROVE et H. RICHARDSON, *A Cultural History of Tibet*, Boulder (États-Unis), Prajna Press, 1980.

R. A. STEIN, *La Civilisation tibétaine* [1962], Paris, Le Sycomore-L'Asiathèque, 1981.

R. D. TARING, *Daughter of Tibet*, Londres, John Murray, 1970.

H. STODDARD, *Le Mendiant de l'Amdo*, Université de Paris X-Nanterre, Société d'ethnographie, 1986.

R. D. SCHWARTZ, *Circle of Protest : Political Ritual in the Tibetan Uprising*, Delhi, Motilal Banarsidass, 1994.

DORJE YUDON YUTHOK, *House of the Turquoise Roof*, Ithaca-New York, Snow Lion Publications, 1990.

Biographie des auteurs

Robbie Barnett

Écrivain et chercheur sur le Tibet contemporain, il a fondé, en 1987, Tibet Information Network. Il est le coéditeur et l'un des auteurs de *Resistance and Reform in Tibet* (Londres, Hurst and Company, 1994) ; et le coauteur, avec Mickey Spiegel, de *Cutting off the Serpent's Head : Tightening Control in Tibet 1994-95* (Tibet Information Network and Human Rights Watch/Asia, [Londres et New York, 1996]).

Katia Buffetrille

Anthropologue, elle a consacré sa thèse aux pèlerinages aux montagnes sacrées, lacs et grottes dans le monde tibétain. Ses recherches portent sur la religion populaire, le culte des divinités locales. Elle prépare la publication de deux volumes et est l'auteur de nombreux articles dont « The Halase-Maratika Caves (Eastern Nepal) : a Sacred Place Claimed by Both : Hindus and Buddhists », *in Pondy Papers in Social Sciences*, 16 (1994, 70 pages). « Inceste et pèlerinage : le cas de mChod rten nyi ma », in *Tibetan Mountain Deities, Their Cults and Representations*, Anne-Marie Blondeau (ed.), Communication présentée au 7e séminaire de l'International Association for Tibetan Studies (Graz 1995-Vienne, Verlag der Österreichischen Akademie der Wissenschaften, 1998).

Harry Cunningham

Né en Inde de parents anglais, H. Cunningham est un photographe-journaliste indépendant. Passionné par l'Asie il a beaucoup voyagé au Tibet durant ces dix dernières années.

Georges Dreyfus

Professeur d'histoire des religions à Williams College, Massachusett, spécialiste du bouddhisme tibétain, il fut le premier Occidental à obtenir le titre de docteur en théologie *(guéshé)*. Il est l'auteur de *Recognizing Reality : Dharmakirti's Philosophy and its Tibetan Interpretations* (Suny, Albany, [États-Unis], 1997). Il prépare actuellement un ouvrage sur les études scolastiques qui mènent au titre de docteur en théologie.

Samten G. Karmay

Né à Sharkhog, en Amdo, au Tibet du Nord-Est, il a reçu une formation dans des monastères bönpos et guélougpas, notamment à Drépoung (Tibet central). Par la suite, il a étudié à l'université de Londres où il a obtenu le M. Phil et le Ph. D. Il est actuellement directeur de recherche au CNRS et membre du Laboratoire d'ethnologie et de sociologie comparative de l'Université de Paris-X. Il a été élu président de l'International Association for Tibetan Studies (IATS) lors de son 7e congrès qui s'est déroulé à Graz (Autriche), en 1995.

Il est l'auteur d'une quarantaine d'articles et de quatre ouvrages sur les mythes et les rituels non bouddhiques au Tibet, sur le bouddhisme tibétain et la religion Bön, parmi lesquels *The Great Perfection* (Leiden, Brill, 1998) et *Secret Visions of the Fifth Dalai Lama* (Londres, Serindia Publications, 1998).

Per Kvaerne

Professeur d'histoire des religions et de tibétologie à l'Université d'Oslo, il est l'auteur de nombreux articles sur le Bön et aussi de plusieurs livres, parmi lesquels : *An Anthology of Buddhist Tantric Songs. A Study of the Caryagiti* (Bangkok, White Orchid Press, 1986) et *The Bon Religion of Tibet. The Iconography of a Living Tradition* (Londres, Serindia Publications, 1995).

Jigmé Namgyèl

Né dans le Khams (Tibet oriental), il est arrivé à Lhasa au début des années 50. Il est devenu cadre dans l'administration chinoise.

Charles Ramble

Après avoir étudié l'anthropologie et le tibétain à l'université d'Oxford (Ph. D. en 1985), il a participé à plusieurs programmes de recherche américains et allemands sur la conservation, le développement et l'histoire de certaines régions du Tibet et de l'Himalaya. Sa recherche actuelle porte sur la formation de l'État au cours de ces deux derniers siècles dans l'ancien royaume tibétain du Mustang, au Népal, et sur le concept de religion civique. Il a publié de nombreux articles, parmi lesquels : « Se : preliminary notes on the distribution of an ethnonym in Tibet and Nepal », *in Habitants du Toit du monde*, Études recueillies en hommage à Alexander W. Macdonald par les soins de Samten G. Karmay et Philippe Sagant (Nanterre, Société d'ethnologie, 1997, p. 485-514) et « Tibetan Pride of Place ; Or Why Nepal's Bhotes Are Not an Ethnic Group », *in* D. N. Gellner, J. Pfaff-Czarnecka et J. Whelpton (eds), *Nationalism and Ethnicity in a Hindu Kingdom : the Politics of Culture in Contemporary Nepal*, Amsterdam, Harwood Academic Publishers, 1997, p. 379-414.

Déjà parus dans la collection "Monde"

Albanie utopie
(HS 90) 216 p. 120 F.
Amazonie
(HS 49) 224 p. 89 F.
America
(HS 58/59) 416 p. 169 F.
Andalousie
(HS 38) 224 p. 95 F.
Antilles
(HS 41) 224 p. 110 F.
Arméniens et leurs territoires***
(HS 84) 192 p. 89 F.
1962 :
Arrivée des Pieds-Noirs***
(HS 81) 160 p. 89 F.
Asie centrale
(HS 64) 256 p. 98 F.
Australie
(HS 7) 296 p. 110 F.
Australie noire
(HS 37) 192 p. 110 F.
Autre Allemagne
(HS 89) 224 p. 110 F.
Bali
(HS 66) 248 p. 110 F.
Barcelone
288 p. 149 F.
Belleville des Juifs tunisiens***
(HS 104) 192 p. 98 F.
Berlin capitale
(HS 57) 208 p. 98 F.
Bornéo
(HS 52) 224 p. 95 F.
Budapest
(HS 34) 224 p. 95 F.
Buenos Aires
(HS 22) 256 p. 110 F.
Le Caire
(HS 12) 260 p. 110 F.
Camps sur la plage, un exil espagnol***
(HS 88) 160 p. 89 F.
Chinois
(HS 101) 160 p. 159 F.
Cités disparues
(HS 55) 240 p. 95 F.
Corée
(HS 105) 288 p. 120 F.
Corne de l'Afrique
(HS 21) 256 p. 110 F.
Crète
(HS 69) 208 p. 110 F.
Cuba
(HS 35) 256 p. 110 F.
Damas
(HS 65) 264 p. 110 F.
Défi sud-africain
(HS 99) 256 p. 120 F.
Des villes en Suisse
(HS 25) 224 p. 95 F.
Désert
(HS 5) 254 p. 110 F.
Désert de Gobi
(HS 100) 200 p. 120 F.
Déserts américains****
(HS 102) 176 p. 98 F.
Écosse
(HS 33) 224 p. 95 F.
Enfants de Faust
(HS 73) 176 p. 110 F.
Grands singes****
(HS 106) 176 p. 98 F.
Grèce
(HS 39) 224 p. 95 F.
Himalayas
(HS 28) 224 p. 110 F.
Après Hong Kong
(HS 97) 288 p. 130 F.
Inde
(HS 13) 232 p. 95 F.
Irlande
(HS 23) 224 p. 110 F.
Irlandes parallèles
(HS 93) 224 p. 120 F.
Istanbul
(HS 29) 232 p. 110 F.
Lieux d'islam
(HS 91-92) 352 p. 149 F.
Lisbonne
(HS 107) 224 p. 120 F.
Madrid
(HS 24) 224 p. 95 F.
Maroc
(HS 48) 224 p. 89 F.
Marrakech
(HS 11) 246 p. 110 F.
Marseille transit : les passagers de Belsunce***
(HS 79) 160 p. 89 F.
Mayas
(HS 56) 232 p. 95 F.
Mékong
(HS 63) 264 p. 98 F.
Montréal
(HS 62) 200 p. 98 F.
Mythe de l'Ouest
(HS 71) 224 p. 110 F.
Naples
(HS 74) 224 p. 110 F.
Nations basques
(HS 75) 240 p. 110 F.
New York contre N.Y.
(HS 61) 224 p. 98 F.
Nogent des Italiens***
(HS 80) 160 p. 89 F.
Le Panier, village corse à Marseille***
(HS 98) 160 p. 89 F.
Paris-XIIIe, lumières d'Asie***
(HS 87) 160 p. 89 F.
Patagonie
(HS 94) 224 p. 110 F.
Pays du Sahel
(HS 72) 232 p. 110 F.
Place du Pont ou la médina de Lyon***
(HS 96) 88 p. 79 F.

*** Collection "Monde/Français d'ailleurs, peuple d'ici".
**** Collection "Monde/Nature extrême".

Polonais du Nord***
ou la mémoire des corons
(HS 83) 160 p. 89 F.
Prague
(HS 46) 232 p. 95 F.
Repenser Israël
(HS 70) 200 p. 110 F.
Rio de Janeiro
(HS 42) 216 p. 89 F.
Rome
(HS 32) 224 p. 110 F.
Rue des Rosiers,
une manière d'être juif***
(HS 82) 160 p. 89 F.

Les Russes à Paris***
(HS 110) 192 p. 98 F.
Saigon
(HS 95) 248 p. 120 F.
Sibériens
(HS 78) 256 p. 110 F.
Téhéran
(HS 27) 224 p. 110 F.
Terre indienne
(HS 54) 232 p. 110 F.
Thaïlande
(HS 43) 232 p. 95 F.
Tokyo
(HS 8) 344 p. 95 F.

Toscane
(HS 31) 224 p. 95 F.
Turcs
(HS 76) 224 p. 110 F.
Venise
(HS 14) 224 p. 95 F.
Vienne
(HS 53) 232 p. 95 F.
Volcans en feu****
(HS 103) 144 p. 98 F.

Le dalaï-lama symbole d'un Tibet en lutte

Aux Éditions Autrement

Le dalaï-lama, collection Naissance d'un destin,
192 p, 89 F.

Devenu le symbole de la résistance pacifique à l'annexion chinoise du Tibet, le jeune Tenzin Gyatso est reconnu à trois ans comme la quatorzième réincarnation du Bouddha de la Compassion. Comment porte-t-on sur ses épaules un tel destin dès ses premières années ? C'est ce que nous montre Claude B. Levenson dans cet ouvrage sur le dalaï-lama, de sa naissance à son exil à l'âge de 24 ans ; un début de vie qui l'a déjà vu rencontrer Mao et Nehru et découvrir la violence de l'occupation chinoise.

Éditions Autrement

Directeur-rédacteur en chef : Henry Dougier. *Rédaction :* Valérie Antoni. Jean-Claude Béhar. Nicole Czechowski. *Fabrication/Secrétariat de rédaction :* Bernadette Mercier, *assistée de* Hélène Dupont. *Graphisme :* Kamy Pakdel. *Service financier :* Béatrice Labadie. *Service commercial :* Xavier Belrose. *Gestion et administration :* Agnès André. Eve Courbot. Hassina Mérabet. *Service de presse :* Agnès Biltgen.

Abonnements au 1er janvier 1998 : la collection « Monde », complémentaire des collections « Mutations », « Morales » et « Mémoires », est vendue à l'unité (120 F par ouvrage) ou par abonnement (France : 500 F ; Étranger : 600 F) de 5 titres par an. L'abonnement peut être souscrit auprès de votre libraire, ou directement à Autrement, Service abonnements, 17, rue du Louvre, 75001 Paris. Établir votre paiement (chèque bancaire ou postal, mandat-lettre) à l'ordre de NEXSO (CCP Paris 1-198-50-C). Le montant de l'abonnement doit être joint à la commande. Veuillez prévoir un délai d'un mois pour l'installation de votre abonnement, plus le délai d'acheminement normal. Pour tout changement d'adresse, veuillez nous prévenir avant le 15 du mois et nous joindre votre dernière étiquette d'envoi. Un nouvel abonnement débute avec le numéro du mois en cours. Vente en librairie exclusivement. Diffusion : Éditions du Seuil.

Directeur de la publication : Henry Dougier. Revue publiée par Autrement.
Comm. par. 55778. Corlet, Imp. S.A., 14110 Condé-sur-Noireau. N° 32224.
Dépôt légal : septembre 1998. ISBN : 2-86260-822-X. ISSN : 0336-5816. *Imprimé en France.*